專注，是一種資產

七件事練習法，打造富足的精神資本

柚子甜 著

各界推薦

我很喜歡柚子甜的作品，文字精準、觀察入微，同時帶著輕鬆自嘲的幽默。

雖然本書談論的主題是「嚴肅」的專注力，作者卻能以其獨特風趣而不膚淺的文字，把專心、效率、改善壞習慣等議題，透過一篇篇讓人忍不住爆笑的自身經驗和貼題的案例，再加上她自創的「七件事練習法」，揭露透過微不足道的日常瑣事，每個人都可以以自己的方式和速度，來改善應有的專注力，繼而找回那個「精神品質」極佳的自己。

如果你嫌那些「偉大」的理論書籍不好消化，但又怕「虛無飄渺」的正能量搔不到癢處，那麼，我相信這就是你一直要尋找的溫柔而有說服力的工具書了。

——AKASH 阿喀許／心靈導師・靈氣師父・《阿喀許 靜心100》作者

你自己吃飯時會滑手機看電視嗎？跟朋友聚餐時容易忍不住看個手機？明明開手機找個資料，卻手滑去看其他廣告或是新聞，網站連結一個連一個，連續滑到天邊？上述這些狀況儼然成為網路世代的文明病，然而在實際執行柚子甜的「七件事練習法」後，我才明白「慢慢來比較快」的真諦，有機會重新感受到「活著」的美好，完整體會每件事情發生的當下，以及自己跟這個世界的連結。

——GiGi Huang／BiG SiSTERS 創辦人

現代人普遍有著專注力不足的問題，據說，想到什麼就做什麼，是一種可以讓大腦放鬆的方式，當你不專心時，反而容易讓自己更快樂。不過，不專心卻容易讓自己效率低落，其實，要專心不難，從大家都會的事情：吃飯，開始就對了。作者教你從吃飯、聊天中學會專注，原來，只要克服你的心靈脆弱點，你就有可能一次專注一整年喔！

——林靜如／律師娘

這是一個必須習慣並且大量分心的年代，這是一個鼓勵分秒皆須有用多工的年代，這是一個一天之始已經開始驚慌慢了的年代。在這樣的年代脈絡裡，柚子甜想問的是：如果我們專心好好只做一件事，那會怎麼樣？會有損失嗎，還是反而會更有效率？

認識柚子甜以來，我們偶爾聊怎麼從自己身上找回力量。或許這本書是給當代人的練習帖，透過尋求心靈的平靜與安定，好好吃一頓飯、好好進行一次深度的思考、好好與人交談，這樣的專注，可以帶我們去比想像中更遠的地方。這也正是女人迷想邀請大家一起做的事——給自己一次機會，練習專注、練習活在當下、練習讓子彈飛，我們會變得更好，這個社會也是。

——**柯采岑／吾思傳媒 女人迷主編**

才閱讀前兩頁，我就驚嚇地闔起書：「柚子甜會通靈嗎？」否則她怎能一眼就看穿我總是像多頭馬車瞎忙、一早起床就被手機黏住的壞習慣呢？啊！原來，拖延與分心早已是現代人普遍的症狀。

這本書用深入淺出的方式，精準點出「為何人們總是分心」？你將會在閱讀這本書的過程中更認識自己、學會許多具體的策略，重新打造專注的能力！

——**胡展誥／諮商心理師．作家**

我的衣櫃裡只有四種顏色，有天在家人的威脅利誘下入手一件粉紅色毛衣。每天我光想著怎麼搭配就消耗許多腦細胞，不知不覺總望著那件衣服出神，卻很少真的穿出去。想想這根本是我的人生，雜事做了很多，正事完成的很少，重要的事更常被擺到後面。讀這本書時，周圍時間好像慢了下來，我只想好好呼吸、好好走路、好好活著。這才是生活應該有的樣子。

——**張瀞仁 Jill／美國非營利組織 Give2Asia 亞太經理**

目錄

PART ONE

從小事開始累積專注力

PART

TWO

練習途中的自我覺察

PART
THREE

這一年的意外收穫

PART ONE

從小事開始
累積專注力

為什麼我就是無法專注？

早上八點半，手機在床頭邊響個沒完。睡覺的人迷迷糊糊地伸出手，撈起被設成鬧鐘的手機，滑開螢幕解鎖，下一步近乎無意識地，就是把飛航模式解開。

網路一接通，整晚沒讀的訊息開始湧入。腦袋還枕在枕頭上，殘存沒忘乾淨的夢，另一隻手已經滑開一個又一個的程式，等著看睡著的時候，遺漏了誰從虛擬世界傳來的訊息。

這段時間往往長達十五分鐘，有時還超過半小時。直到睡眼惺忪的腦袋被灌滿了瑣碎的資訊，才揉揉痠痛的脖子，不甘不願地下床張羅。走進廚房燒熱水的空檔，下意識地又把手機掏出來瞄個兩眼；進洗手間，坐在馬桶上的兩分鐘，也會拿起手機滑幾下；吃早飯的時候更不用說，一定是左手拿吐司，頭湊過去啃的同時，一邊歪著頭看手機上的文章，或是翻閱桌上的零散雜誌。

這是我起床後的一小時，也是許多人早晨一小時的寫照。

這樣開啟一天之後，帶著充滿雜訊的腦子，我坐在電腦前打算寫稿，卻發現自己陷入困境。打開Word的同時，便順手點開網頁，這邊收收電子郵件，那邊又回朋友幾句聊天，中間還穿插去倒水、泡茶、做一些無關緊要的事，把米放下去煮，甚至連衣服都丟洗衣機了，就是沒辦法好好專注在工作上。

就算逼自己寫了，效率也很差，總是會寫個十分鐘，就想撿起手機看有沒有人找我；又或者屁股坐下來了，腦子卻靜不下來，彷彿一枝斷水的筆，寫一寫就卡住，寫一寫又勾我去其他地方，最嚴重的時候，整天下來也產不出一篇文章。

如果我還像幾年前在職場一樣，大約不會感覺自己有什麼問題──辦公室裡誰不是三頭六臂？可以用肩膀接電話，用一隻手回訊息，另一隻手拿文件給同事，眼睛還瞄著手機跳出的預覽，下午進會議室，還可以一邊聽主管講話，一邊在下面回廠商的郵件。

但是幾年前的一小段時間，我不是這個樣子的。那時候我剛參加為期十天的內觀，體驗與世隔絕、徹底回歸內在寂靜的世界，我曾體會過，什麼叫做「我可以是自己腦袋的主人」。

剛開始入關時，就算待在完全安靜，無人打擾的禪堂，腦袋也完全靜不下來，發了瘋似的跳躍、嬉鬧、怒罵、催促我去做這個、聳恿我去做那個。只不過在靜坐過程中，我連一根手指都不能動，只能不斷回頭調伏躁動的思緒，因此明明只安靜地坐一個小時，心神卻感到筋疲力竭。然而當十天慢慢過去，調伏頭腦也越來越熟練，心變得越來越透明，雜念當然還是會有，但像雪落到溫暖的爐火上，瞬間消散。出關之後，我脫胎換骨變成另一個人──至少短時間內──我變成一個非常容易專注的人。

回到日常生活後，面對生活中百件雜事，我都能馬上把心收攏，一件一件乾淨俐落地處理，不再像以往一樣，任由它拖著我疲於奔命，也不會任由它誘惑我漫無目的地分心到瑣事上。

我確實地成為頭腦的主人，在那段極佳的精神高峰期，我可以非常專注地寫作，運筆時像擁有一把雪亮的刀，所有不相干的雜念都削斷，流暢地寫下自己的思想；也因為內心安定，數個月來睡得極沉而無夢，起床時神清氣爽；白天也不容易累，因為人最大的消耗正是來自內耗，當我有極佳的專注力，精力都傾注在當下的事，也就不會分散到「內心小劇場」上。

而那段時間，我也出現另一個非常大的變化：「排斥多工」。

以前的我以效率為豪，手上能同時做三件事，用個電腦可以同時寫作、回信、開網頁查資料，再時不時地拿手機刷兩下，絲毫不覺得有什麼問題。但是在出關後狀態極好的日子，反而「多工」開戰不到半小時，就會感到巨大的精神折損，非得一件事一件事來不可。例如寫完稿才開信箱，用半小時一次回完所有的信，再開網頁查資料，零碎的訊息也累積到一定量再回。神奇的是，這樣做反而花的時間更少，精神也幾乎不會累，能維持在相當好的水準。

然而這段奇蹟似的經歷，已經是好幾年前的事了。大約兩個月後，這個狀態就一點一滴地褪去。因為一旦脫離了「與世隔絕」的閉關環境，繁忙高壓的都會生活，就會分分秒秒刺激我的情緒；我也不似坐在禪修墊上時，被要求只能靜靜地觀察自己，而是馬上就能起身跟著妄念走，去吵架、去偷懶、去躺在床上滑手機、在該睡覺的時候熬夜追劇。

在這個時代，即使是最日常的生活，也會一點一滴把脆弱的「專注力」腐蝕掉。而當我又慢慢變回早上起來先滑手機，一邊工作一邊回訊息，頭腦亂糟糟睡不好，內心起伏不定的狀態，就知道自己又像之前一樣，整顆腦袋浸泡在名為「散亂」的酒缸裡，醉得不能自已。

但差別在於，這次的我開始有所察覺，甚至嘗試想自救。我是一位作家，也是一位心靈工作者，「精神品質」跟我的工作息息相關，文字來自我的思想，諮詢更需要我的心靈穩定。就算退一步來說，完全不考慮工作，一顆散亂的腦袋，也直接關係到我的快樂與睡眠，而這正是對年過三十的我而言最重要的事。

我想把「專注力」找回來，想念那個「精神品質」極佳的自己，我到底該怎麼辦？

我嘗試繼續靜坐，但發現思緒散亂到某個程度，靜坐就像蹲苦牢，即使勉強坐了數十分鐘，全身還是像爬了螞蟻一樣躁動，隔天就更不想練習。又或者，我也很容易變成靜坐歸靜坐，日常歸日常，靜坐的時候很安定，但從坐墊爬起來回到塵世，還是像無頭蒼蠅一樣四處亂轉。

「為什麼我就是無法專注？」身為心靈工作者的我，開始像拿起手術刀一樣，切開自己的內心探問：「到底是什麼原因，一直在折損我的專注力？」

多工強迫症，隱藏著我的「心靈脆弱點」

當我問自己「為什麼我就是無法專注？」的時候，回想起那段參加十日內觀後的日子。

那段精神的高峰期，跟現在的心神散亂相比，其中一個最大的不同，就是**「多工」的嚴重程度**。精神狀態極佳的時候，身心頻率較高，很容易就察覺到「多工」造成精神的巨大耗損，因此會排斥多工；然而當俗事纏身，不知不覺又養成「多工」的習慣後，頻率慢慢變得低落，連帶也難以覺察它的影響——反正本來就很亂了，散上加亂，好像沒什麼特別不同。

但為什麼明知「多工」如此耗損，我卻無法抗拒呢？科學早已證明，人腦其實無法「多工」，只能在任務中迅速「切換」，而在這樣的切換中，精神品質會因為壓力而不斷下滑，跟我的觀察正好不謀而合——但是為什麼，「理智」知道，多工的「行為」就是停不下來？

我已經不只一百次，注意到自己會一邊寫稿，一邊開網頁回訊息；一邊低頭吃飯，手又控制不住點開螢幕；或是走一小段路，也要三番兩次地掏出手機。當下即使理智想阻止，逼迫自己重回專注，卻發現行為難以控制，要不就是要花極大的力氣才能喊停，要不就是十五分鐘後，又毒癮發作般的想分心。

經過多次觀察自己和周遭的人，我終於發覺「多工」之所以難抗拒，在於它對不同的「心靈脆弱點」產生拉扯。而從這個角度分析，我把多工概略分為兩種：「無聊型」多工以及「恐懼型」多工。

「無聊型」多工：逃避無聊，無法深化滋味

「維吉尼亞大學的一項實驗，在心理學和神經科學學界引起了軒然大波。受試者單獨在房間內無所事事，除了可以按一個會對他們發送電擊的按鈕。六分鐘後，大多數的受試者覺得，與自己的想法獨處非常不愉快，所以選擇對自己施予電擊。但是同樣的受試者先前卻表示，他們會付錢來避免受到電擊。」

——《專一力原則》

我們人類是一種會下意識尋求「快感」的生物，不斷想從精神或物質上尋找刺激——甚至就算是「痛苦」也無所謂。更不用說在手機普及的現代，「快感」是躺在床上，動動手指就能獲得無窮盡的海量資源，而且還免費。

正因為「快感」如此容易被滿足，人類「逃避無聊」的程度也變得史無前例的高：吃飯好無聊，順手就拿起遙控器；搭車好無聊，下意識就掏手機；運動好無聊，不如放個平板來追劇。如果拿走手機、關掉電視，很多人會感到如坐針氈，就像維吉尼亞大學的實驗一樣，面對事情本來的面目，就已經枯燥到令人無法忍受。

這樣的人，心靈的脆弱點正是「刺激上癮」。一旦養成這樣的慣性，對任何事情就只會停留在淺薄表層，只要快感消失，就會飛快地去找其他刺激，接著又迅速感到無聊，不斷反覆折騰。

其實很多事情都跟感情經營一樣，快感消退後，要有耐性繼續深化，才會越來越有滋味，心也會越來越定。但「無聊型多工」的人，疏於培養這樣的耐性，吃飯對他們而言就是無聊地進食，通勤就是無聊地移動，運動就是無聊地鍛鍊身體，只要這件事的刺激消失，馬上就想轉去做其他事，或是不斷拿起手機找樂子。

刺激上癮，失去深化滋味的耐性，「無聊型多工」的人們，最終就只能在「無聊—找刺激」、「無聊—找更多刺激」之間疲於奔命，一點一滴折損自己的精神。

「恐懼型」多工：害怕說不，忙於應付別人的需求

相較於「無聊型」多工，「恐懼型」多工的人並不是為了逃避無聊，而是為了逃避「恐懼」。

什麼樣的恐懼呢？回想一下，我們有沒有看過有些人，做事像個木偶一樣，誰瞎扯一條線，都能讓他亂了手腳。典型的「恐懼型多工」者，工作時會一次開很多視窗，這邊忙老闆早上塞的工作、那邊應付同事寄來的郵件、主管問一聲等等開會的報表呢？就馬上忙著找檔案印。客戶發信來要報價，隔壁同事問之前的訂單資料，他又馬上

放下手邊的事情，急呼呼地去找。一轉眼開會時間到了，手忙腳亂地衝進會議室，才發現主管要的報表根本忘記印……

「恐懼型」多工的人，心靈的脆弱點是「害怕說不」。無法對別人說不，無法對過多的要求說不，才會手忙腳亂地多工，沒有委婉拒絕，或至少說「等一下」的勇氣。

最麻煩的是，「恐懼型」多工者，往往不會意識到內心的源頭是「恐懼」，還以為真的是事情太多，才必須三頭六臂地救火，甚至往往有自己很能幹的錯覺。

還有另一種特別的「恐懼型多工」，會被錯當成「上進青年」。

這種「恐懼型多工」者，所有的空檔都是在吸收知識、騎車在聽英文頻道、通勤看很艱深的書，如果真心樂在其中倒也無妨，但深入探究原因，往往發現背後的心靈脆弱點是「害怕失敗」的恐懼。

「如果我不這樣做，很快就會被競爭者淘汰」、「我朋友比我用功多了，輸給他太沒面子」。恐懼型多工的學習者，他們瘋狂吸取新知的動機，並不是源自於對知識的熱愛，而是太害怕失敗。

但遺憾的是，「怕落後」、「不想輸」的恐懼型多工，總是被當成「上進青年」而倍加鼓勵，這又更加重他們「絕對不能輸」的焦慮感。於是硬邦邦、用來跟別人一較高下的知識，搖身一變成了「上進青年」的抗焦慮劑，每日和水吞服，壓下對「落後」的恐懼，並且持續餵養匱乏的優越感。

多工其實很慢：三種被忽略的「隱形耗損」

從心靈的角度去剖析「為什麼無法抗拒多工」後，有段時間，我都會勸身邊的家人朋友戒掉多工。

「為什麼要戒？事情就是做不完啊！」「一次做這麼多件事都來不及了，怎麼可能一件一件來？」他們感到相當不解。

甚至一些堅持自己「有效率」的朋友，很得意他一次能處理八件事，卻對其中至少有五件被草草了事，事後又花了無數時間收拾爛攤子的事實，完全視而不見。

對於缺少覺察經驗的人，確實很難說服他「多工」的精神耗損，而內心沒有感覺的事情，自然沒有辦法產生共鳴。為此我開始進一步思考：有沒有可能從更客觀的角度，找出其他多工的耗損，是一般人眼睛看得見，也確實可以感覺到的？

我想起以前當上班族的情境。為了模擬場景，請各位先想像一下，這是一個上班族今天的工作：例行晨間會議、交出差報告、回覆十幾封電子郵件、審核別部門送來的核銷文件。

看起來沒有很多對吧？那我們來看看這位「多工者」是怎麼開始一天的。

走進辦公室以後，她先打開電子郵件信箱，這時候還很有效率地利用空檔，拿便當去蒸、泡杯咖啡，接著從包包翻出早餐，邊吃邊看剛剛收進來的信件。

主管這時候走過來：「艾咪你出差報告今天是最後一天交哦！下午四點以前送過來，不然我沒辦法幫你簽核。」她連忙說好，動滑鼠點開還剩一半的報告，正要敲鍵盤時，猛然想到會計說要附上交通收據，她又趕快打開手機，一邊暗忖高鐵電子票券要怎麼轉成實體收據。

滑開手機螢幕之後，她看到昨天已讀不回的朋友傳來訊息：「抱歉！昨晚太累了沒回，我是覺得⋯⋯」她馬上忘記要查高鐵票的事，急著想看朋友回什麼，於是順手點開，接續昨天的話題：「沒事啦！我只是想跟你說——」

到這邊為止，我已經打了將近三百字了，她看起來好像很忙，卻還是什麼正事都沒有做。照正常情況發展下去，等一下會接到別部門同事的電話，問什麼時候要回他的信，掛掉電話後，她匆匆忙忙地跑去開晨間會議，腦中又猛然想起剛剛的高鐵票，還有擔心報告四點要交，整個人又焦慮了起來，喔對了，早餐也還有一半沒吃呢！

下午為了趕時間，她開一個視窗打報告，三個視窗回郵件，一邊夾著電話問公事，四點整到了，報告還差一頁，主管又來催，前一封手忙腳亂回的郵件忘了附檔案，廠商打了三通電話來要，這時候已經瀕臨崩潰的她，終於對著電話吼：「不要再打了！你不知道我今天很忙嗎！」

這就是台灣大半「多工上班族」的每日寫照，也是過去的我。

但為什麼已經這麼「忙」，卻還是沒辦法把事情好好「做完」呢？因為我們都忽略了，多工會產生三種「隱形耗損」。

多工導致的「隱形耗損」之一：不連續動作的「時間耗損」與「效率耗損」

以前我的職務之一是管理工廠，而工廠的人都熟悉一個道理：「做六千件產品，不會是兩千件的三倍時間，而是更少。」

因為產線不斷運作時，時間是緊密連貫的，當長時間製作同一個產品，工人熟練度提高後，效率自然也會提高。所以六千件可能只要兩千件的二點五倍、甚至兩倍的時間。

但如果我們要求產線做五百件就拉下來，先去忙其他產品，過一陣子再拉下來，換做原本的產品，那麼拉上拉下的「切換時間」，以及工人「無法熟練」導致的效率低落，就會造成產能嚴重下滑，所以實務上根本不可能這樣進行，工廠絕對會第一個先宰了你。

換作人腦也是同樣的道理，科學研究證實，人不可能真的同時做兩件事，只能在任務間高速切換。換句話說，當我們以為自己「面面俱到」，多工切換任務時，其實正處於「產線拉上拉下」的模式，而切換的過程中，勢必不斷地折損隱形的「時間」與「效率」，實際產能反而更差。

多工導致的「隱形耗損」之二：任務切換產生的「遺忘耗損」

在任務切換的過程中，人腦還會產生另一個問題：遺忘。

想想看，你是不是也常在多種任務切換的時候，忽然忘記剛剛做到哪裡了？甚至根本忘記有這回事，直到別人催促才猛然想起來？

因為人腦不是電腦，重新投入需要回想、「重開機」——而這些「回想」需要時間，也會降低效率。只要來回幾次，原本已經很拮据的時間與精力，又再度大打折扣，這就是所謂的「遺忘耗損」。

多工導致的「隱形耗損」之三：無頭蒼蠅的混亂，導致「情緒耗損」

以上兩種消耗都還算小事，其實最大的消耗是心裡的「內耗」，也就是「情緒耗損」。

事情一多覺得做不完、被人催了無名火起、想不起來剛剛做到哪的焦躁、覺得為什麼事情都丟給我的憤怒，都是「多工切換」時常見的負面情緒。

這些情緒，不但會讓做事的水準低落，也會讓辦事效率變差，變差之後招來的更多失誤、責備，而心一急又更容易敷衍了事，也會導致更多差錯，犯錯招來的責罵，又會再度加重負面情緒，啟動一連串的負面循環——這就是「情緒耗損」的代價。

「時間／效率耗損」、「遺忘耗損」以及「情緒耗損」，這三種隱藏耗損，是只要人腦開始多工，就無法避免的代價。

下次當我們又手忙腳亂，想開啟多工模式「快點做完」、「早點輕鬆」時，不妨謹慎地問問自己：考慮過這三種耗損之後，做事真的有比較快嗎？

七件事練習法：專注從「日常小事」起，改變要「少量多餐」

當我從「心靈」與「實務」的角度，分析出多工的損害之後，當務之急就是為自己「拿回專注力」。

然而，世界上有很多事情是這樣的：你明知道該怎麼做，卻怎麼也做不到，腦袋指揮著你要專注當下，手卻不由自主地拿起手機；或是勉強自己放下了，又克制不住癮頭，一段時間後回過神來，發現自己又回到臉書上瞎逛。

「專注力」並不是想要就能有，平常分心慣的人，就算卯起來逼自己專注，「慣性」也會不斷拉我們滑離軌道。因此有人形容，專注力是心靈的肌肉，平常得勤加鍛鍊才能使用，而我更喜歡把專注力形容成一種「體質」，得從日常生活中一點一滴，少量多餐地調養。**「七件事練習法」，就是一帖我為了調養出「專注體質」，設計出來的練習處方。**

相較於高強度的靜坐修行，「七件事練習法」容易得多，因為這七件事，每個人每天幾乎都會做到，不需要額外花時間，也不用逼自己閉眼睛靜下來，所以過程並不算辛苦。然而在七件「日常小事」、每天「少量多餐」的調養下，經過「7×7天」的練習周期，前後的我，就已經出現不可思議的轉化。

先說工作吧！以前腦袋很多雜訊的時候，產出作品的效率很差，現在卻只要之前一半的時間，就能完成同樣字數的作品，而且品質更好；專注力帶來的氣場穩定，也讓我在做心靈工作的時候，能更快找出案主的問題，不容易被對方的情緒影響。

身體的層面也有微妙的變化，在沒有刻意節食運動的情況下，身材竟然變得更苗條，也被很多人說氣色變得很好。人際關係產生了改變，原本已經很穩定的感情，兩人連結又比之前更加親密。甚至連長期緊繃的母女關係，都在這段時間出現轉化，雖然偶爾還是會起爭執，但更多時候已經可以好好溝通，表達自己想法，這是三十年來不敢想像的巨大轉變。

更不用說，過程中我變得更了解自己，進而開始改變我的行為，而每一項，都足以重寫我的人生軌跡。

這樣的變化看起來很不可思議，可是仔細探索之後，背後的原理其實很簡單：**開始練習專注之後，心會逐漸變得清明透澈，而這種透澈，會進一步地產生內在的「覺察力」**。

當我們用這種「覺察力」看進自己的生活時，人會發覺從來沒想過的盲點，而「看見」就是療癒的開始，只要做出新的選擇，就有機會改變原本的人生。

你也想走上專注力旅程，看看人生會有什麼不一樣嗎？那麼，現在讓我來好好介紹「七件事練習法」吧！

這七件被我挑出來，用來調養專注力的日常小事，分別是：吃飯、閱讀、運動、通勤、走路、使用電腦／手機、與人交談。

專注力調養處方箋1：吃飯、閱讀、運動

吃飯

心靈意念：「在二十到三十分鐘內，沒人可以介入我和我的食物。」

吃飯放在第一個，是因為再怎麼樣作息不良的人，一天至少也會吃兩到三餐吧？可惜的是，「吃飯」最容易被我們當成「陪襯」的事，只要走進餐廳，你會發現極少人真的在專心吃飯，多半一隻手拿筷子，另一隻手滑著螢幕；扒了兩口飯，抬頭盯著電視八點檔看兩眼；低頭正要夾菜，又忙著伸出大拇指解鎖，好點開朋友傳來的訊息。

曾幾何時，「吃飯」在人生中再也不是主角，而是無關緊要的配角？好像非得要一邊看個什麼，吃飯的過程才對得起自己。

在開始調養「專注體質」的期間，吃飯時請把手機放在眼睛看不到的地方（不要放桌上，因為手機有種神奇的魔力，光是放旁邊就足以讓人分心，無意識就會把手伸過去，不信你試試看）。找個背對電視的座位，吃飯前給自己下一個意念：「在二十到三十分鐘內，沒人可以介入我和我的食物。」

當你準備開始時，第一步，就是「深化滋味」，讓吃飯不要停留在「淺薄層」。你可以先試著觀察眼前的菜色：今天的飯是白飯還是糙米？青菜是高麗菜還是小白菜？排骨是哪個部位？好奇數一數，湯裡面有哪些配料？夾起一塊豆腐，觀察它的金黃是煎的還是炸的？送進嘴的時候燙嗎？用舌頭去感知一下，湯汁有沒有入味？醬汁是死鹹的醬油，還是有層次的中藥滷包？

第二步，每送一口到嘴巴，都放大眼睛、鼻子、舌頭、牙齒的感受去接觸這口食物，確實感覺到食物變細成泥之後，才慢慢嚥下胃。

一開始鐵定會無聊到要崩潰，很想要恢復慣性滿口扒飯，稀里呼嚕地喝湯，一邊用眼角看手機上的影片，說多痛快就有多痛快；有人則是一開始很專心練習，可一旦上手之後，又變成眼睛盯著食物，思緒卻散到煩心的事情上。發現自己散亂了，請記住一件事：**「無聊，只是代表深化程度還不夠」**。

意識到自己想分心，就要更小心地守住自己的專注力。有一次我遇到這種情況，乾脆吃進一口飯之後，就強制閉上眼睛咀嚼。當其他感官都被封閉，只剩味覺和食物的接觸時，心會停留在咀嚼的感受上，而原本散亂的思緒，也就在一嚼一嚼的節奏中，慢慢地勻靜下來。

閱讀

心靈意念：「現在是留給我和知識的時間。在這二十頁內，沒有事情可以動搖我。」

這裡的「閱讀」，當然最好是「書籍」，而不是手機上的新聞。平常發現自己散亂到不可收拾的時候，最快平復的方法，是拿起一本喜歡的書翻開，它會扮演穩重的錨，讓紛飛的心迅速沉澱下來。書籍有趣、新鮮、不會跳出推播、不會有訊息，理論上是七件事裡面，最容易練習的一項——我指的是「理論上」。

閱讀也容易引發散亂，不是因為「無聊」，而是「沒有目標」。除非手上的作品極吸引人，否則我們很容易因為一時三刻看不完，沒兩頁就想放下拿手機、半分鐘後又想去泡壺茶、再看個兩頁就不耐煩往後翻，想說後面怎麼還有兩百八十頁，算了算了今天時間有點晚，明天再看好了。結果那本書下次被拿起來，已經是半年以後的事，而且是走路時不小心踢到，不是要拿起來看。

如果你也是屬於「看沒兩頁就會分心」一族，我很推薦你試試「二十頁閱讀術」——這也是我曾在部落格分享過的心法。簡單來說，就是選定一本書，規定自己每天一定要看滿二十頁。這個分量其實不多，幾乎二十分鐘內就看得完，而台灣一本書平均三百多頁，以這個速度蠶食鯨吞，兩周就可以消化掉一本，一年累積下來，其實已經是可觀的數量。

但重點不在看了多少「量」，而是有了「二十頁」做為目標後，就能約束自己在這段時間內集中精神。關掉電腦、手機放在看不到的地方，也不要一邊吃飯一邊看，或是閱讀到一半想要去摸魚其他事。為了提醒自己專注，看書前得定下一個意念：「現在是留給我和知識的時間。在這二十頁內，沒有事情可以動搖我。」

運動

心靈意念：「現在是我和身體的時間，在這三十分鐘內，沒有事情可以動搖我。」

我所居住的城市多雨而潮濕，為了維持身體健康，我必須上健身房運動。

如果你仔細觀察，就會發現人們運動時，也在忙著閃避無聊——跑步和騎飛輪的時候，一邊吃吃笑著看偶像劇已經是家常便飯，連在需要高度專注的重訓區，都可以看到有人一邊舉著沉重的啞鈴、一邊還在皺著眉滑ＩＧ。

而最讓我感到困擾的是，老是有人坐在重訓器材上看電視，每次鼓起勇氣想要請他換位子，但對方每隔幾分鐘又會推個兩下器材意思意思，一副「我還是有在用喔！」的神色，實在很想問問他，我們簽的到底是不是同一個健身方案？或許我付的是健身房會費，而他買的是電影吃到飽？

但說穿了，其實也不奇怪。絕大部分的人都認為「運動」窮極無聊，如果不是為了瘦或健康，根本不會想要做這種又累又流汗的苦差事。因此聽音樂的聽音樂、看電視的看電視，好像沒幾個人能忍受運動的過程。

然而，運動是一個高度和身體同在的過程，沒有什麼比「觀照自己的身體」更能把散亂的心收回當下的事了。下次運動前，你可以先告訴自己：「現在是我和身體的時間，在這三十分鐘內，沒有事情可以動搖我。」

接下來是第一步，試著在跑步的時候，不要盯著電視，音樂也暫時不要聽（健身房本身有播就算了），把注意力放在呼吸上：觀察現在的呼吸，是急促還是緩慢？氣息是卡在胸口，還是可以深長到腹部？在跑步的時候，慢慢數一分鐘可以吸吐幾下？也輪流把注意力放在體感上：我兩隻腳的受力平均嗎？還是有一隻腳習慣性地用力？背部的僵硬有沒有因為血流的脈動，逐漸舒展開來？膝蓋之前會疼痛，現在有沒有好一點？大概跑幾分鐘之後，身體會由倦怠轉為活力？

重訓的時候也是：站在鏡子前，好好觀察自己的姿勢；把注意力放在用力的那條肌肉，就算有痠痛沿著神經刺激腦部，也不要抗拒，好好地傾聽它的聲音——那是身體在和我們對話。

我曾經比較過「一邊看電視一邊運動」，以及「專心運動」的差別，發現邊看電視雖然可以轉移注意力，表面上好像比較輕鬆，但其實呼吸會被劇情打亂，心臟也會在「電視的情緒刺激」與「運動的刺激」交叉影響之下，負擔變得異常沉重，頭腦和身體都會感到很疲憊。

但如果是專心地運動，腦部能獲得充分的休息，心肺也能得到穩定的鍛鍊，運動後反而是輕鬆而舒服的，兩者是徹底不同的感受。

想要感受頭腦徹底的放鬆，就得先放下「運動很無聊」的成見，讓注意力回流到運動本身。一來是訓練專注力，二來這其實也是重訓技巧：當意識放在身體上，可以確保鍛鍊到正確的肌肉，也可以避免受傷。

「專注運動」一次，就可以同時鍛鍊到「身體」與「心靈」兩塊肌肉，是不是比想像中還物超所值呢？

專注力調養處方箋2：走路、通勤

走路

心靈意念：「我現在要走路了，沒有什麼事情可以干擾我的步伐。」

對現代人來說，要比無聊，有什麼事可以比「走路」更無聊的？不就是挪動兩條腿，從A處移動到B處的過程而已。於是下半身忙著，上半身也沒閒著，邊走邊滑手機聽音樂，讓兩條腿把自己「載」到目的地就可以了。

這就是大部分的人對「走路」的看法。我在實行「七件事練習法」

的過程中，也發現「好好走路」的人根本瀕臨滅絕，就算我自己想好好走路，各種被手機勾魂的人也像喪屍一樣晃來晃去。不久前我就遇到一個女孩子，大搖大擺地走在路中間，路很窄我沒地方讓，而盯著手機吃吃笑著的她，也絲毫沒發現前面有人，我慢下腳步看她什麼時候發現我，結果等快要跟我撞滿懷時，她才猛然抬起頭，白了我一眼，好像我打斷了她和手機打情罵俏，然後又繼續盯著手機走路傻笑。

如果今天我也是拿著手機撞來撞去的喪屍，可能不覺得怎麼樣，但當你是個清醒的人，兩手空空看著前方，意念也扎根在此處時，會徹底覺得這是一個荒謬的景象——多少人在你眼前，魂卻不在這裡，而是被一個個螢幕牽動著，甚至視眼前的活人為障礙物。

其實，「走路」是非常有滲透力的專注力練習。因為再怎麼懶的人，一天至少都會走個三五千步。三五千步，就是三五千次的練習機會，少量多餐，反而比刻意空出一段時間來行走有效。

但因為走路如此簡單，我們也很容易遺忘。因此在每一次行走之前，都要記得有意識地提醒自己：「我要走路了。」把意念放在「走路」這件事，而不只是在「移動」。

用「走路」練習還有個訣竅，就是要把意念放在腳底，與地面接觸的地方。

如果只是純粹看街景，很容易東張西望，一下就被浮動的人潮、閃爍亮眼的廣告吸走，好不容易凝聚的專注，轉瞬間又被風吹走了。因此把意念放在相對穩定的地方，注意力也比較容易跟上；而以能量的角度而言，意念放在腳底，也有把力量往大地扎根的效果。

留意腳底跟地面接合的觸感，每一步都意識到「我在走路」，讓感受確確實實地回傳大腦。你會發現，這種「扎根式」的行走，會帶出一股安定的力量，姿態非常輕盈美好，心也會一點一滴沉靜下來。

順帶一提，我很喜歡在出門做個案的路上，用這樣的方式預先沉澱自己，心靈會很快地平靜，當我坐在案主眼前那一刻，已經先被一步一腳印的穩定感，校準好內心的頻率。

通勤

心靈意念：「我現在是一只空瓶，我只任由環境信息流過。」

「通勤」是一個很微妙的行為區間，時間從十分鐘到一個小時不等。嚴格說起來，通勤跟走路一樣只具備「運送」功能，而只要你出門，這段時間就是必要損失，從王公貴族到凡人如你我，都沒得商量。

通勤方式是開車或騎車的人，這段時間比較沒得選擇，好好看著前方的紅綠燈就是了，別再做他想。但都會區裡，每天有上百萬人要搭乘捷運、公車、火車上下班，放假回家也要坐客運來來去去，你有沒有觀察過這段時間，我們都在做什麼？

近年來流行「碎片化學習」，許多人會把握搭公車的時間，聽一些知識性的音頻、學點英文、看個有含金量的文章，不過更多的人打開手機沒多久，就又分心滑到塗鴉牆去了，能夠高度專注在碎片化學習的人，其實少之又少。

並不是說碎片化學習不好，但建議一開始做「專注力練習」的時候，先捨棄這種容易分心的通勤方式，等到意念開始穩定後，再用「主程式／背景程式法」導入碎片式學習。關於這個方法，之後會再花篇幅詳述。

那麼，做「七件事練習法」的時候，通勤要做什麼呢？答案是：什麼也不做。

什麼也不做，其實比想像中還困難，因為人腦已經被制約到很難

「什麼也不做」，空白個五分鐘，就下意識地手癢去翻手機、拿個什麼東西看；不耐煩地打量對面的人，想著什麼時候火車才到站；或是異常地對隔壁講話的聲音開始敏感；以往可以戴起耳機，埋頭追劇，一旦「什麼都不做」，這個世界就煩躁得讓人難以忍受，想要動起來做什麼。

且慢，心越亂的時候，越是需要利用環境，反過來讓自己安定下來。怎麼做呢？我稱這個方法為「空瓶法」。

〈空瓶法〉

想像自己是一只人形的、沒有底部的透明空瓶，閉上眼睛，任由環境的信息（聲音、光線）流過你，又從底部流出去。不接住、不阻擋、也不對它起反應。當任何聲音干擾你，或是勾起內心的煩惱浮起時，都對內心重新下一個意念：「我現在是一只空瓶，我只任由環境信息流過。」

這個方法非常地有效，因為人的煩躁往往不是來自外境，而是被外境勾起的「情緒反應」。透過這個意念，把自己當成一個純粹的空瓶，有人講話，就任由聲音流進來，又放它流出去；看到什麼東西，讓影像信息流進來，接著又流出去。

當內心不起反應，煩躁就不會像灰塵一樣一吹就亂飛。注意力也因為要高度集中維持「空瓶」的意象，沒有心思胡思亂想，內心的紛亂會在通勤路上，一點一滴落下，專注力也一點一滴被培養起來。

專注力調養處方箋3：與人交談

與人交談

心靈意念：「除了言語之外，對方還釋出什麼訊息？」

「與人交談」是七件事練習法裡面，唯一一個和「他人」有關的項目。

在我大學畢業以前，智慧型手機還沒普及。那個時代只要和人面對面，再無聊也得自己找話聊，不像現在，經常可以看見一群人聚會，整桌都安安靜靜在滑手機，約會時傳訊息給朋友，但跟朋友見面時，又忙著在對話框跟伴侶情話綿綿。

很難說這樣做到底好還是不好，碰上不得已的社交場合，如果能有默契地各自裝忙，倒也不失為保持表面和平的解套法。然而閃避交流，正代表我們不願意「深化」和眼前的人的關係，慣性閃躲的結果，是永遠無法和人深交，只養成躲在手機螢幕後，默默窺伺世界的視角。

但是回到最初的問題：為什麼我們會覺得「與人交談」很無聊？原因竟然也是因為「專注力不足」。

與人交談時少了專注，就會喪失很多細微的訊息，少了足夠的訊息接收，彼此的面目就變得蒼白而扁平，令人感到乏味。一旦人感到乏味，就更不想專注在彼此身上，無聊的警鈴大作，距離拿起手機神遊天外就只差一步了。

你是不是老覺得，好像遇不到聊得來的朋友？每次跟朋友吃飯，都只是過個水，沒留下什麼有意義的印象？是不是覺得，好像以前的朋友比較交心，現在的交情都越來越淺薄？

那麼請跟我一起試試看，從「與人交談」裡培養專注力。下次有人跟你說話，無論是家人、朋友、同事或是情人，第一時間請你放下手邊的事——如果手邊的事非常急，急到現在沒辦法放掉，也請跟對方說「不好意思，給我五分鐘處理完這件事，我等一下再認真聽你說」。

千萬不要覺得自己沒禮貌，因為心不在焉地聽，才是真的沒禮貌。同時我們也可以跟對方解釋，自己是想把全部的專注力留給他，才請他稍候。當你忙完手邊的事，開始聽對方說話時，下一步，就是「專注聆聽」。

如果對方講的話很有趣，那專注起來就不是難事，只要記得不要又下意識地拿起手機就好；但有時候對方內容真的很無聊，或至少對你來說很無聊，這時候就可以使用兩個「深化交談」的技巧。

〈與人交談的深化技巧一：觀察法〉

第一個深化技巧是「觀察」，留意對方言語之外的訊息。對方講這些話的時候，口氣是激動還是平靜的？他的用詞和小動作，代表內在有什麼樣的感受？我在做諮詢工作的時候，很容易從對方的用詞和語氣，觀察出一個人真實的個性，原因之一，就是因為長期高度專注在這些小細節上。

一旦觀察程度足夠，就能共鳴對方的感受，距離「聊得來」也不遠了。而當交談的人感覺被深刻地了解，也會願意打開更多的心房，彼此的連結也會進一步深化。如果我們跟每個人都能這樣交談，還會覺得對方很無聊嗎？

〈與人交談的深化技巧二：提問法〉

有些人不是很擅長觀察，那也沒關係，另一個深化的技巧是「提問」。比如說對方滔滔不絕講起他的北歐極光之旅，但你其實對極光興致缺缺，與其心不在焉地點頭一邊看手機，不如挑你不明白的點提問：「為什麼會想去看極光啊？」或是尋找你比較有興趣的切點：「這樣飛一趟機票要多少錢？需要轉機嗎？」「那邊外國人多不多？幾月去都可以嗎？」

「提問法」同時能滿足對方的訴說欲，也能增加自己對談的興致，我們才更容易專注在「交談」本身。

表面上，「觀察法」和「提問法」都是增進人際關係的基本技巧，但事實上，人際關係變好，只是專注力練習的「副產品」。在經過一段時間之後，我們甚至會發現，身邊的朋友竟然比想像中的還要有趣很多——只是之前活在「無法深化」的世界裡，才會一直用「無聊」的眼光看待彼此。

專注力調養處方箋4：用手機／電腦

用手機／電腦

心靈意念：「我現在要用手機／電腦了，我要用它來做什麼？」

前面講了一堆手機的壞話，認定它是現代人分心的禍首，只要先擺脫它，基本上就成功一半了——事實上也是這樣沒錯，我常常花了一整天培養專注力，晚上一癱軟拿起手機躺著滑半小時，在塗鴉牆和通訊軟體間跳來跳去，心神又會馬上潰散如泥。

然而麻煩的是，手機和電腦是現代不可或缺的產物，幾乎是另一顆大腦（比我們還聰明），或另一雙手（比我們還俐落），我們無法真正捨棄它，戒斷還只是第一步，最後還是得學習駕馭它，才不會被它搞爛了生活。

我是重度依賴手機和電腦的人，除了日常社交以外，寫作、接案、經營粉絲團都需要電子產品輔助，因此深深感受到，無法駕馭這顆「腦」會帶來多大的災難。以前我寫作的時候，思緒和目光像花蝴蝶般亂飛，視窗一頁一頁地開，同時在逛網頁、回訊息、開信箱，搭配找資料，靈感變得非常破碎，花了大把時間飛舞，文字產出卻像酸敗的蜜。這才讓我痛定思痛，好好思考自己到底是在哪一步走岔了路，否則怎麼會一回神就過了兩小時，正事卻還在原地打轉。

我後來從這些「手機岔路」裡，找出兩種使用手機／電腦的技巧。現在的我，不敢說自己每次都有做到，但只要有意識地執行，幾乎都可以從「手機陷阱」中全身而退，而且分心沒有領域之分，所以無論是工作上、或是純娛樂，只要使用到手機／電腦，都適用這套技巧。

〈用手機／電腦技巧一：決定任務〉

手機與電腦最危險的地方，在於它會「引誘多工」。

一位「無聊型多工」者，只要覺得現在做的事情很無聊，或是想逃避，就會無意識地開始開網頁、逛社群軟體、回聊天訊息，轉了一大圈才逛回來原本的頁面。

而一位「恐懼型多工」者，即使他想認真做事，但臉書訊息一閃爍，或是背景傳來郵件通知，心裡都會湧起沒來由的焦慮，害怕自己沒跟上第一手的消息，或是擔心怠慢了回覆，所以馬上就會分心去處理。

要克服這樣的困境，在使用手機和電腦前，最好先「決定任務」，也就是有意識地問自己：「我現在要用手機做什麼？」

如果想查下班後的電影場次，順便告訴朋友見面時間，那就有意識地告訴自己：「在查完電影場次，並且聯絡完朋友以前，我不分心做任何事。」

每一次打開手機以前，都有意識地訂下使用任務，或是你沒有特定任務，只是想查看有沒有人找你、並且確認一下每個社群軟體的消息，那也無妨。你可以有意識地告訴自己：「這次的任務是把每個社群軟體看一遍，十分鐘內就放下手機。」

〈用手機／電腦技巧二：一次只做一件事〉

決定好任務之後，下一步就是專注地執行。手機和電腦因為太容易爭先恐後地跳出訊息，如果你跟我一樣都有「恐懼型多工」的傾向，也就是看到訊息就會忍不住想點，看到問題就忍不住想回，不然很怕落後資訊，那最好平常就把通知關閉，也不要同時開太多視窗，讓它在那邊閃啊閃地跟你揮手。不要怕別人急著找你，其實大部分的事少了你也不會怎麼樣，有時候放個半天一天，別人還自己解決了呢。

而關閉通知的另一個優點是，我們比較可以心無旁騖地執行任務。不然只是打開手機查電影場次，中間就會被訊息拖走、被別人丟給你的搞笑影片拖走、被一封其實不急的郵件拖走，等馬車把你拖行一圈之後，才發現要送的貨還在原地，而這就是我們使用手機的日常。

「一次只做一件事」是要刻在螢幕上的鐵則，回到剛剛的例子裡，我們決定的任務是「一、查電影場次，二、聯絡朋友」，那麼打開手機第一件事，就是奮勇地衝向搜尋引擎，輸入你要的電影名稱，點開場次頁面，一路往下滑的時候，有人敲你也要假裝沒看見，旁邊名人出軌的驚爆新聞也要先略過。找到你要的時段後，點開通訊軟體，無視其他人的未讀訊息，直到你在朋友的對話視窗輸入：「晚上七點的場次可以嗎？我們六點四十分在門口見。」這段任務才算大功告成。

這樣煞有介事地描述過程，乍看之下顯得荒謬，但如果你親自執行過，就會發現這一點都不荒謬，而是血淋淋的現實——現實就是，當我們沒有刻意「決定任務、一次只做一件事」的時候，專注力就會大量流失，什麼東西都「很快、看一下就好」，花了一大堆時間在無意義的岔路上，岔路還會生出更多的小岔路，明明只是看一下天氣，卻開始看起瑣碎的娛樂新聞，新聞又點了延伸閱讀，或是手癢打開通訊軟體，本來只是要看有沒有私訊，卻跟同樣上班分心的朋友閒聊起來。

順帶一提，以前分享這套方法的時候，朋友聽了面有難色：「人生一定要過得這麼累嗎？」他覺得有時候無意義地躺著滑手機、看搞笑影片是一種抒壓，如果每次用手機或電腦，都還要這樣約束自己專注，人生還有什麼意義？

這是一個很好的問題，我想人生到底要戒多少手機用量，不妨把它想成「想要身體健康的話，要戒吃多少冰」。誠實面對自己現在精神品質，到底好還是不好？如果已經到了非好好調養不可的程度，那就認真地戒，或至少在「7×7天」的周期中認真練習；如果只是想調養一下，讓自己精神狀態好一點，隔天也沒有重要的事，那偶爾破戒一下倒也無可厚非。

而我可以先透漏一個祕密——習慣戒手機後，你會驚訝地發現：「奇怪，我時間怎麼變這麼多？」因為原本被手機黑洞吞沒的時間，都被這兩個技巧吐出來了。

而當你把省下來的時間，拿去專注地做其他事，好比說看書、運動，或是看一部有意義的電影，你會發現，自己比抓著手機躺著滑一個晚上的時候，精神品質又加成了更多。

看到這裡，你願不願意試試看，讓手機和電腦，把吞沒的「精神品質」還給你呢？

「7×7天」調養周期：藉滲透的力量，養成「專注體質」

起初想出「七件事練習法」，並開始執行的時候，仗著自己過去有內觀修行的經驗，認為這個練習並不困難，因此頭一個禮拜，我每天都認真做、專注做、卯起來做這七件事。

吃飯的時候專心吃飯，不滑手機不看電視，把感官放在咀嚼的口感、食物的色香味上，慢慢地吞嚥，再專注地夾下一口飯。走路的時候，我不看手機不胡思亂想，把注意力放在腳底跟路面的接觸，一步一步地感受，甚至行走過喇叭聲震天的鬧區，耳膜雖輕微刺痛，內心卻不起漣漪。

每件事情我都做得完美、深刻、專注，而精神狀態也在短短幾天，就達到久違的巔峰——情緒變得非常輕盈自在，即便有一絲緊張，也是一沾到就立即化開，像飛雪落到火爐一樣消失無蹤。做事迅速俐落，回歸「一次專注一件事」，只要一個早上，就可以把多件繁雜瑣事輕鬆搞定；跟伴侶關係也非常融洽，以前有時候會嫌對方囉嗦，現在可以投入傾聽他說的每一個字，並且愉快地對談。

但是——就是這個但是。貪快求速，練習少了循序漸進的過程，一下就把油門踩到底，後果就是，一旦找到縫隙開始懈怠，散亂就會雪崩般的反撲。第二周，我已經無力維持這麼大量的專注，想說偷懶一點沒關係，於是吃飯時滑一下手機、邊走路邊回訊息、跟伴侶講話時，也覺得一直專注於對話很膩，於是一邊看網頁，一邊有一搭沒一搭地聽。

進入第三周的時候，我的精神品質像坍塌一般迅速惡化，每天想到要專注做這七件事就覺得備感壓力，心也開始無法控制地東倒西歪，上癮似的拚命滑手機、逛社群，做事效率一落千丈。心貪婪地耽溺在漫天飛舞的思緒裡，精神狀態甚至比沒練習時還要更糟。

現在回想起來，這種狀況其實就跟快速減肥一樣：前面兩周卯起來只吃生菜沙拉，很快就會爆瘦好幾公斤，但人的自制力是薄弱的，到了第三周開始撐不住，就會失控狂吃垃圾食物補償自己，最後變得比一開始還胖。原來調養「專注體質」，跟培養「易瘦體質」一樣，都是急不來的個人旅程。

就在我感到自暴自棄的時候，心中突然靈光一閃：既然清單上有七件事，那不如我就慢慢來，從每天做一件開始吧！

第一周，先從每天專注做一件事就好。例如星期一我選「吃飯」，那天吃飯的時候我就心無旁鶩地專注用餐；星期二我選「走路」，那天所有走路的時間，都百分之百專注，不滑手機不聽音樂，注意力放在腳下的感覺……以此類推，到第七天的時候，剛好每一件事情都練習過一次。那當天沒被選上的事情呢？在做的時候分心也沒關係，我們的路還長著呢。

第二周，開始每天專注做兩件事。星期一可以選「通勤」和「走路」；星期二可以選「吃飯」和「閱讀」……以此類推，讓七件事在這周結束後，都被練習過兩次。沒選上的項目，當天依舊可以隨便做，怎麼樣分心都可以，千萬不要給自己任何壓力。

第三周，開始每天專注做三件事，以此類推下去，第四周、第五周……一直到第七周，最後這個禮拜「每天都要執行七件事的專注」——直到周末剛好滿四十九天，我都會打趣地說，好像古人煉丹一樣，功德圓滿，開爐驗收。

7×7天之後，會發生什麼事呢？在這四十九天裡，我每天都寫身心的觀察筆記，前三周幾乎什麼感覺都沒有，因為執行起來太容易了，分心的時間還是很多，讓我一度懷疑這樣到底有沒有效果。但是到了第四、第五周，每天要專注的項目多達四五項時，開始漸漸覺得吃力，還要把當天選中的項目寫下來，貼在螢幕前提醒自己執行。

第四到第五周，算是「交界掙扎期」，很多時候相當氣餒挫折，但某些片刻的感受，又讓我開始覺得漸入佳境。一路熬到第六周時，因為有前面的耐心打底，吃力與煩躁感奇蹟似的開始退潮，隨之而來的是心靈的清澈與穩定，像潛藏的礁石終於顯露出來。也差不多就在這時候，我記錄身心變化的筆記突然暴增，每天都觀察得到內在和外在的巨大改變，連每天碰面的家人都察覺到，我最近似乎變得不太一樣。

到了第七周的最後一天，我靜靜地過完，四十九天的專注力，已經全然滲透進生命——「專注體質」已然養成。之後的日子裡，我的精神很少再經歷之前貪快期的暴起暴落，因為即使不在練習周期內，我還是會盡量專注做手上的事，像打點滴一樣，把專注練習滲透進日常。

即便有時候疏忽，精神品質又開始下滑，心緒浮躁不定，我也會刻意把這七件事再調出來，專心做、認真做、重新把精神凝聚起來。先前打好底的「專注體質」很快就會恢復，心也能重回清澈安定的狀態。

我將在接下來的篇章與你分享，在這四十九天中，我的人生產生了什麼變化。有些是在練習專注的當下直接發現的，有些是被隨之而來的「覺察力」拆解出來的，改變的層面擴及身體、工作、心靈、情感、家庭與人際關係。即使現在，我的人生都還深深地被「專注力練習」的力量影響，它就像一個清明的內在導師，持續溫和地影響我的人生。

專注力日常保養：主程式／背景程式法

在完成「七件事練習法」的周期後，我猜你會進入精神品質的高峰期，並且幸運的話可以維持一段時間；但大部分的人，卻很快跌入另一個深淵，就是「故態復萌期」。

我自己就是這樣，然而第一次故態復萌，是因為沒有做到「7×7天」的循序漸進，第一周就想要每天專注做七件事，很快就把精神品質拉到高峰，卻也在最短的時間內，就喪失對各種誘惑的抵抗力。第一次「故態復萌」期，心神散亂到做什麼都無法專注，眼光隨時被手機吸引，吃飯滑、上廁所滑、搭個電扶梯也滑，大腦只想被各種短暫的刺激滿足，精神品質跌得一落千丈。

第二次故態復萌，是在完成「7×7天」練習周期後好幾個月。雖然周期完成後，基本上已經培養出「專注體質」，但體質不保養也是會耗損的，所以當我發現自己又有散亂的跡象，早上起來又滑手機，睡前也滑個不停，吃飯又想拿遙控器，我就猛然警覺：「專注力開始下滑了。」

專注力一旦下滑，精神品質馬上受到拖累。我反省最近一兩周，做事效率確實變得低落，可以一整天泡在家裡，可是什麼產值也沒有，但也不是在休息，而是倦怠地摸東摸西，用樹懶般的速度，處理最少量的工作；可以泡在電視前追三小時的影集，但是不想翻幾頁該看的書；睡前整個腦子都是漿糊，卻又拖拖拉拉不肯睡，掛在網路上聊天，或是窮極無聊地反覆看寵物的影片。

「故態復萌」期發生時，不要責怪自己，要把它當成一個善意的提醒：我在不知不覺中，又讓散亂回來了——原因無它，**是我們又**

不小心讓「多工」滲透進日常的生活裡。

「多工」之所以容易滲透，其中一個原因在於現代人太喜歡「善用零碎時間」。界線一旦拿捏不好，就變成「想在等車時利用時間看個文章，又被朋友的訊息拉走」、「跟別人講話一邊查東西，結果別人說什麼自己都沒在聽。」

「善用零碎時間」是好事，但要把握一個訣竅，才不會讓它成為散亂滲透的縫隙，我稱之為頭腦的「主程式／背景程式法」。

我們有沒有想過，為什麼有些多工很容易產生散亂，例如一邊講話一邊滑手機；但有些多工卻不太會，例如一邊搭車一邊看書？兩者的差別在於，前者幾乎是兩個「主程式」在腦中跑，講話跟滑手機，都需要用到思考資源，因此容易造成腦內的「系統衝突」。而交互切換多次之後，專注力就會大幅癱瘓，散亂也就跟著橫流。

但邊搭車邊看書，很明確的「主程式」是看書，思考的資源都在閱讀文字上，甚至也不需要跟「搭車」用到同樣的感官——看書是用眼睛，注意到站廣播是用耳朵。「主程式／背景程式」區分明確，不會造成思考資源的搶奪，自然更容易專注，也不易讓散亂逆流回生活裡。

因此當我們又想要「善用零碎時間」時，我們需要問自己兩個問題：**「現在誰是主程式？」**以及**「這兩個程式，有搶奪相同的感官嗎？」**

必須消耗最多「思考資源」的那個，就被視為「主程式」，如果兩件事情都會搶奪大量的思考資源，例如一邊講話一邊回訊息，這種多工就會造成散亂，最好先把手機放下，或是跟眼前的人說：「不好意思，我先回一下訊息，等一下再回答你。」

如果只有一件事情會需要思考資源，但兩者都需要大量用到同一個感官，例如一邊走路一邊滑手機，都需動用眼睛，那同樣不適合並行，請把手機收起來好好走路，或在路邊站著回完訊息再走。

一旦決定誰是「主程式」，並且確定「沒有搶奪相同感官」後，接下來最重要的，就是把「專注力」留在「主程式」，而不要任意切換。當決定搭車時的「看書」是主程式的時候，就把專注力收攏在閱讀文字上，不要看一看又想拿手機；當決定走路時的「聽英文」是主程式的時候，就把注意力好好在英文上，不要聽一聽覺得無聊，又東張西望心不在焉。

一旦能夠掌握「主程式／背景程式」的技巧，就能夠繼續維繫「專注體質」，避免被「善用零碎時間」的習慣，拖入故態復萌期。

不過這個技巧，強烈建議完成「七件事練習法」才開始使用。在「7×7天」練習周期內，七件事的每一件事都應該是唯一主程式，不要搭配任何背景程式，才能調養出最好的專注體質。

為什麼會這樣建議呢？因為太早使用這個技巧，卻還沒培養出收攏心神的能力，對「散亂」的感覺也還不敏感時，我們其實很難區分什麼時候可以「多工」，什麼時候不行。

舉例來說，很多人喜歡一邊吃飯一邊看電視，乍看之下兩者沒動用到思考資源，而且一個用嘴一個用眼睛，似乎很適合「主程式／背景程式法」。但實際上對內在有覺察力的話，會發現頻繁地低頭抬頭，心不在焉地吞嚥，對消化和心神其實有很大的折損，所以是非常不適合多工的組合，但初期練習者卻很難意識到。

又或者說，一邊開車一邊聽廣播，算不算搶奪「思考資源」呢？這可能要看開車技術、路況熟悉度、廣播讓人分心的程度而定。開始對專注力有體悟的人，會在熟悉的路況下，聽一點輕鬆的廣播，一旦路況變差，他捕捉到內心的散亂，就會主動把廣播關掉，把專注力收回來。

「主程式／背景程式法」在自我覺察足夠的情況下，是保養「專注體質」的最佳技巧。當我們完成「七件事練習法」之後，歡迎嘗試把它加入日常修行，繼續維繫自己的專注力生活哦！

PART

TWO

練習途中的
自我覺察

起床一小時不要滑手機

前陣子在網路上看到一個短片，Kwik Learning 的創辦人 Jim Kwik 在訪談中提到：「我不會在起床第一小時內碰觸手機。」他喜歡管理起床的第一小時，以及睡前的一小時，並且談到，如果早上起床第一時間就滑手機，等於在回應每個人對你的要求：「我可不願意訓練我的大腦去做這些事情。」

這些話語像是幾顆明亮的珠子，彈開我腦中某個深鎖的區域。過去有一段時間，我也基於時間管理的理由，規定自己「早上起來不要滑手機」。原因是剛起床的時候自制力薄弱，躺著又舒服，很容易不小心就滑掉一個小時，而在當時忙碌行程裡，一小時的空檔已貴如黃金，因此我強迫自己早上起來先做事，而不要把時間浪費在滑手機上。

但這個規矩，在我學會把行程表排得鬆一點、自由一點的時候，連帶著也鬆懈了。現在的我早上如果沒排工作，就會順手拿起手機，開了床頭燈開始滑啊滑，檢查通訊軟體、檢查信箱、檢查讀者留言。一切重要和不重要的訊息，都在早晨第一時間，湧入我還軟綿綿的腦袋，癱瘓我的注意力。

而如果起床先滑手機，我一天的輪廓是長這樣的：鬧鐘響按掉，拿起手機解鎖。把所有社群媒體滑過一遍後，就開始滑塗鴉牆，看別人轉貼的新聞。留言一則一則看、訊息一則一則回。回完了以後呢？還不想起床，於是把臉書一遍又一遍地重新整理，反覆檢查已經瀏覽過的社群軟體。

剛起床軟綿綿的大腦和身體，沒有說「不」的意志力，就這樣輕易沾黏在手機設下的蜘蛛網裡。一個小時過後，好不容易掙扎下了床，瞄一眼發現錯過早餐時間了，索性不吃，等等直接吃中餐；知道該去刷牙洗臉，但又想到剛剛朋友推薦了誰的書，於是一屁股坐在電腦前想下單。電源按下去，又是另一張蜘蛛網的起點——回個信貼個文，到處點連結，直到餓得暈頭轉向才猛然驚醒，啊，剛剛說要下的單呢？早餐沒吃、該做的事情都沒做，白白又在電腦前浪費了兩個小時。

看了 Jim Kwik 的影片後，我決定重新把專注力練習應用在「起床後的一小時」，好好地覺察自己，起床後的我，到底在哪裡走岔了路？

實驗的那一天，鬧鐘響了。我的手機就是鬧鐘，於是路在第一時間就岔了——按掉鬧鐘，視覺看到螢幕亮了，手很自然就會想滑開解鎖，像每天無意識做了八百次的習慣動作一樣。

這次的我很警覺地把手機放回原位，躺回床上。但身體還很慵懶不想下床，在棉被裡翻來覆去的時候，我開始專注觀察自己的大腦，它每隔十秒鐘就對身體發送一波衝動，不斷慫恿我：「看手機嘛，看手機嘛！」「看一下下而已啦，會比較有精神哦！」「只看一下有沒有人找你就好，十分鐘而已，馬上就起來了。」

簡直就像毒癮發作，不斷說服自己吸毒的人一樣。腦中那股衝動一次比一次強烈，根本不是一個昏昏沉沉躺在床上，意志力薄弱的人可以抵抗的。發現身體越來越承受不了那股刺激，乾脆起身，先去浴室刷牙洗臉，到廚房弄早餐、洗前一天剩下的碗，刻意把手機留在房間保持距離。弄早餐的過程中，我又因為需要用手機計時，眼光不小心看到訊息通知，差點又滑開，好在馬上專注力拉回來，丟下手機後又匆匆離去。

刷牙洗臉、吃早餐、洗碗、把午餐要吃的東西拿出來退冰。平常早上該做，但常常都沒時間做的事都做完了，一看怎麼還有半小時？

為了避免又分心去拿手機，我決定去練一下氣功、拉筋或是看書。

不知不覺，身心進入一個非常穩定的狀態，甚至到了可以解禁的時間，我也不想滑手機了，「手機毒癮」逐漸在專注力練習中消散。

如果以 Jim Kwik 的原理，我是在起床後的一小時中，先訓練大腦「不要為了滿足別人的需求而活」；而以專注力練習的角度，我是收攏了渙散，守住了「精神品質」，這也讓我接下來的一整天，活出跟以往截然不同的版本。

因為屏絕了手機，我可以準時梳洗、準時用餐，身體就有了飽滿的元氣。能先做「對自己而言」重要的事情，而不是「別人拋來」的雜事，心裡也就養出一股安穩的底氣。

底氣好、心安穩，思緒就會順暢，連帶整天情緒也清爽很多。回想起過去的一整天，僅僅是起床時滑了十幾分鐘的手機，都足以讓腦子充滿雜訊，接下來寫稿容易寫兩三句就卡，加速精神虧空。如果當天還有諮詢之類的工作，也會繼續耗損腦力，一整天下來，精神和情緒都逼到了極限，回家也只想躺著滑手機補償自己，已經散亂的腦袋又更加塞滿雜訊。

而這樣練習幾天下來，我反省了自己「起床後一小時」，深切地領悟兩件事，其一是：「人真的不要太相信自己」。

減重的人，絕對不會把零食放在觸手可及的地方，而練習專注力的人，也一定不能讓手機頻繁出現在餘光範圍。一旦「接觸」就有「刺激」，有了「刺激」，人就必須耗費精神去對抗「慾望」。

即使經常做專注力練習，調養出「專注體質」的人，瞄到手機三十次以後，難保不會在第三十一次屈服。包括我在內，都曾過度相信自己「不會啦！我會管好自己的專注」。事實上，正因為人在慾望前是如此薄弱，真正會保護專注力的人，是不會讓自己一次次暴露在誘惑之下的。

認清自己的脆弱之後，馬上決定去買一個鬧鐘，和一個倒數計時器。

第二個領悟是：要為專注力安排「新路徑」。剛開始把「分心物」抽離時，生活會瞬間出現好幾個坑洞，一下子時間變多了，不知如何是好，一不小心鬆懈下來，又開始滑手機。

我們最好把這些「坑洞」，視為「搶回來的無形資產」，重新分配到真正滋養自己的事情上。例如，我知道早上拉筋、練氣功，可以讓我一整天頭腦清明，也不容易腰痠背痛，但以前時間都被手機滑掉了，很少有時間做這些事。當早上時間變多後，我馬上把「拉筋」和「練氣功」補進早晨的安排裡，讓專注力「有事做」，也就沒機會碰觸手機的誘惑。

你也可以發展出屬於自己的「新路徑」：閱讀二十頁的書、練瑜伽、靜坐，甚至慢跑——任何你認為對自己有幫助，你願意用來澆灌身心靈的事。

試看看，嘗試「起床一小時不要滑手機」，嘗試覺察被手機誘惑時的自己，我們的人生會有很大的不一樣。

「看到什麼做什麼」強迫症

「看到什麼做什麼」強迫症，是一種凡人都有機會患上的病。為什麼我們這麼容易「感染」呢？因為它的另一端，牢牢地綁著人類的慾望，別忘了，人類是一種會下意識尋求「快感」的生物，往往在「看到什麼」的一瞬間，就會浮起一股「快去做」的衝動，而當我們真的聽從指令去做了，慾望被滿足的快感就會讓我們上癮。

而「看到什麼做什麼」強迫症，其實就是人們耽溺在一連串的「衝動—滿足」「衝動—滿足」的刺激裡，無法自拔的現象。在使用手機與電腦的時候，這種「強迫症」又會嚴重好幾倍。

我們一定都遇過，百無聊賴不知道要做什麼，或是累了一整天精神渙散的時候，往床上一倒，拿起手機開始滑，就會掉進時間黑洞，明明什麼也沒幹，兩小時就這樣不見了——結果澡也沒洗、衣服也沒晾、肩頸僵得發硬、心中滾著洗不掉的罪惡感，卻完全拿自己沒辦法，不能理解為什麼每次拿起手機，就會自動喪失自制力？

我在做「使用手機／電腦」的專注力練習時，也常常不小心跌進時間黑洞。當我殘存的一絲警覺跑出來提醒自己：「欸好了喔，你不是只要查一下店家的營業時間，怎麼還在滑？」另一個聲音這時開始耍賴說：「好啦等一下，我看一下臉書就好，剛剛朋友發了一則貼文……啊等等，還有這個新聞好像很有趣，先分享到我塗鴉牆好了……啊，剛剛朋友回我留言了耶！我先去看一下他回什麼。」

當人陷入黑洞的時候，要靠僅存一點覺知把自己拉出來是很困難的。「使用手機／電腦」之所以是最難纏的練習，在於它具備其他六個練習沒有的特點——它是唯一能高速與反覆達到「衝動—滿足」「衝動—滿足」的循環，來讓人保持刺激的項目。

當我們累了一整天，特別是心情不好的時候，這顆渴求滿足的大腦，就會特別眷戀「衝動—滿足」「衝動—滿足」的刺激，這時要放下手機就更加困難了，我們就會像手腳被拴住一樣，明明意識是清醒的，甚至有想逃離的念頭，卻困在原地動彈不得。

要把自己從這樣的黑洞拉出來，除了前面〈專注力調養處方箋4：使用手機／電腦〉所提到的「決定任務法」與「一次只做一件事法」，我們還需要一點「強迫」。強迫是什麼？很簡單，伸出食指，把螢幕關掉就對了。

這個方法跟禪修的時候，斬斷妄念的手法很類似。很多人都以為禪修就是什麼都不想和放鬆，事實上人腦不可能什麼都不想，禪修反而是高度地覺察內在，一注意有念頭飛起來，就把它砍斷，拉回當下繼續靜坐，別追著它跑，也別追問「我為什麼就是有這麼多念頭」，拉回來，繼續坐，比什麼都有效。

同樣地，如果我們在思緒散亂的時候，花太多時間去問「為什麼我又浪費這麼多時間？」「有什麼方法可以讓我自律？」其實效果也不是很好。當然這些問題值得探索，卻不應該是一邊滑手機，一邊精神渙散地想，如果想用僅存的一點覺知做點事情，那第一件就是把螢幕關上。

而「看到什麼做什麼」強迫症，不只出現在使用手機／電腦的時候，還廣泛出現在生活瑣事裡。

我自己在日常生活中，也是一個「看到什麼做什麼」的嚴重中毒者。

我會在桌子前，想到要去櫃子找某本書，站起來以後看到桌子上有幾樣東西，就想順便拿去歸位。當拿著東西走到櫃子旁，眼睛一邊找書，眼角又瞄到一個明天要轉交給朋友的東西，馬上想著：「好險有看到，趕快先拿出來放包包免得忘記！」等忙了一圈終於坐回桌子前，我又赫然發現，咦，要找的書呢？

這種情況越年長越常見，很多人會自嘲說這是「老人痴呆」、「該吃銀杏」。老化固然可能是原因之一，然而人如果總是這樣活著，精神品質鐵定會逐年下滑，一顆散亂的腦袋本來就很難記住東西，年紀只是可憐的代罪羔羊。

要改變生活中的「看到什麼做什麼」強迫症，「決定任務法」與「一次只做一件事法」同樣也適用。比方說，我決定要去找書，就把「找書」這件事當成第一任務，就算剛好看到桌上有東西要歸位，也可以先把它「排程」到第二任務，等書找回來再走一趟，反正來回也才幾步路。到書櫃前發現有東西要給朋友，如果這件事情比找書更重要，我怕忘記要趕快做，那怎麼辦呢？那就讓它插隊進入「第一任務」，東西放進包包之後，馬上再回來解決剛剛的找書任務，接著再回頭把桌上的東西歸位。

這樣辦事的結果，其實不會比較慢，反而因為必須維持意識的清晰，效率比做了一圈雜事以後，回頭發現正事沒做要好得多。

你也有「看到什麼做什麼」強迫症嗎？讓我們一起治癒它吧！

新型「挑食」法：無痛瘦身的簡單祕方

「挑食」這個詞，多半具有負面的意味，表示不想把特定的食物塞進嘴裡。

有人是聞到茄子就作嘔，有人是沾到一點香菜就拒吃，也有人覺得，紅蘿蔔不能算是人類的食物。奇怪的是，小時候越不愛吃什麼，大人就越愛煮，不但煮，還拚命往小孩碗裡塞。長大後我最喜歡的特權之一，就是可以堂而皇之地挑食——反正那些噁心的東西，我根本不會讓它們出現在餐桌上。

不過「挑食」畢竟不是好習慣，老是閃躲特定食物，身體就無法攝取均衡的營養素，能的話盡量避免最好。但在這裡有一個例外，就是被「專注力」發動的「挑食」。

現代人的飲食問題，不是營養缺乏，而是吃太多、吃太油、吃太多加工食品。其實我們的身體的本能，多半知道什麼該吃、什麼不該吃，只是長期被太多油膩、重鹹、人工添加的食物摧殘，搞到不對的食物送到眼前，也能毫無排斥地大吃。當身體能量越來越混濁，感覺就會變遲鈍，而更多、更油、更刺激的食物，也就不設防地被吞下肚了。

開始進行專注力練習的時候，我發現一件很奇怪的事：食物變難吃了。

怎麼會這樣呢，以前我很喜歡這些東西的啊！炸得香噴噴的薯條、甜滋滋的早餐店奶茶、濃郁重鹹的拉麵湯，還有剛出爐的小西點，再抹上一整坨果醬和奶油，這些都是我平時最大的享受。可是在進行「專注吃飯」練習時，我收起手機，把意識放在食物的味道上，一口一口地細膩嚼食，忽然皺起眉頭：速食店的薯條變得好油膩死鹹，早餐店奶茶有不舒服的人工氣味，拉麵湯的調味料過重，小西點其實不需要抹醬，因為它本身就很甜了。

不是食物變難吃了，是吃的人變了。

以前我一邊吃飯，一邊滑手機找樂子的時候，其實並沒有把專注力放在食物上，也沒有意識到調味多重，加上又吃得太快，稀里呼嚕十五分鐘，多少油鹽糖下肚都不清楚。現在僅僅是把專注力放在「吃飯」上，凋萎的味蕾就像甦醒的花苞，被一點一點逐漸打開了。

我一天比一天無法忍受重油重鹹，開始會「挑食」，但不是挑特定的食物，是挑「不對的食物」。太油的，吃兩口就吃不下，寧可擱在桌上給服務生收走，或是夾給不介意的朋友吃。太鹹的，意思意思吃一點配飯，剩下的堅決不碰。太甜的東西只能切一小塊，或是把上面的糖霜剝掉，不然會甜到兩眼昏黑。不新鮮的食物再也過不了味蕾這關，有一次飢腸轆轆去了豆漿店，點了一個菜包和米漿，一咬下去，包子瞬間溢出「蒸太久介於壞掉邊緣」的微酸氣味，以前的我會天人交戰，最後還是會選擇吃掉，但當下的我直接吐出來，沒辦法就是沒辦法，把菜包送去廚餘，米漿喝掉了事。

隨著日子一天天過去，外面能吃的食物也變得越來越少了，不是太油、太鹹就是過度加工，味蕾擋得好累，最後乾脆自己煮。冰箱打開，蔬菜是新鮮的，米是產地直送有機米，蛋是人道飼養，油是冷壓初榨橄欖油，鹽是海鹽，烹調完就直接上桌，沒有那麼多奇奇怪怪的東西，麻煩是麻煩了點，但至少味蕾覺得歡欣鼓舞。

這樣過了幾個月，時節入夏，有天我從櫃裡拿起一件短褲，一穿上腰就滑了下來，掛了半截在屁股上。「奇怪，去年這件不是很合身嗎？」我嘀咕道，該不會是洗鬆了吧？彎下腰又翻翻揀揀，拿了另一件去年有點緊的短褲，一穿竟然剛剛好。

女人不管到幾歲，發現自己穿得下小一號的衣服，心裡都會放鞭炮的。我為這個意外既驚又喜，因為我沒有刻意增加運動，也沒有刻意節食，唯一不同的就是「挑食」——挑「對的食物」吃。沒想到號稱會代謝變慢、體重扶搖直上的三十歲之後，竟然還有輕鬆變苗條的一天。

可仔細想想也不奇怪，雖然我並沒有刻意節食，可是人只要專注吃飯，就很容易察覺自己飽了，吃的分量也隨著降低；多餘的脂肪、糖分、調味料、不新鮮的食物，也會在入口前就被淘汰，而英文有一句話叫「You are what you eat.」你吃了什麼，就會變成那個樣子，一個懂得「挑對的食物」吃的人，身體最後也會變成「對的樣子」。

這回是我後知後覺了，原來那段期間，一直有人說我看起來氣色變美、皮膚變好、身材變苗條，我還當作是大家看錯了，畢竟我有時候偷懶沒運動，也沒有刻意節食，怎麼可能不胖反瘦？

原來「有意識地吃」、「挑食地吃」，身體自然會揀出合適的分量。而少了容易囤積的脂肪糖分，少了會讓身體水腫的重鹹，皮膚細緻發光、身體變輕盈，在三十歲以後無痛瘦身，也是有可能的。

是「體貼」，還是「自以為是」？

日文裡有一個詞彙，叫做「閱讀空氣」。我們罵一個人「不會閱讀空氣」的時候，就是罵這個人不會看場合，做出不合宜的舉動，簡單來說，就是個活在自己世界裡的人。

其實我算是滿不會「閱讀空氣」的人，小時候常被大人罵「不會看臉色」，卻又不知道自己講錯什麼。長大後有了社會經驗，稍微變得識相點，但還是經常在別人正忙的時候打斷對方，只為了聊自己想聊的閒話；或是在對方心情不好的時候，硬要提起讓人心煩的瑣事，結果當然碰了軟釘子，自己還感到莫名委屈。

即使如此，我成長過程還是學不會「看臉色」，甚至更加抗拒。

因為這個詞彙對我來說，隱藏了一種輕微的恐懼與討好，是種在別人眼皮底下討生存的策略。看臉色的人很難講出真心話，會盡可能順著別人脾氣走，沒有自我，我不喜歡。

這個理由的確沒錯，對大部分的人來說「看臉色」確實是一種喪失自我的代名詞。但實行「七件事練習法」之後，我才在練習的過程中頓悟：「閱讀空氣」可以不必是「看臉色」，而是更細緻的「體貼」。

那天我選擇的是「與人交談」專注練習，恰好有個朋友剛和男友分手，心情非常低落，問我能不能去她家陪伴。見到她的時候，她一臉憔悴，但是又強打起精神，忙進忙出地找餅乾、泡咖啡給我。如果是以前，我這個直線條大概會死腦筋地想：「哎呀都失戀了，不就應該什麼都不做，好好窩在沙發上哭掉兩包面紙嗎？」然後就要朋友別忙了，拉著她坐下來問現在怎麼樣，對方到底為什麼提分手，一方面是關心，另一方面也覺得不這樣做，自己就沒有盡到「陪朋友」的責任。

但是那一天，因為正在練習專注「與人交談」，我才發現這些預設，根本只是自己的一廂情願。當我有意識地坐在沙發上，看著朋友忙進忙出的身影，仔細聽她問我：「要喝什麼咖啡？藍山還是薩爾瓦多？」認真看著她準備點心的神情，我才發現根本沒必要打斷她——因為她其實是「開心」的。

開心？當然不是因為分手而開心，而是她連著好幾天沉浸在悲傷裡，消極到連打理自己的力氣也沒有，更因為被男友拋棄，覺得自己不被需要。這時候有個朋友來訪，讓她有理由下床忙進忙出，讓她照顧，稱讚她泡的咖啡好喝，她重新感到自己「被需要」，反而透出一股容光煥發的神采。

這是我第一次發現，自己也能具備「閱讀空氣」的能力，但不是為了討好，也一點都不刻意，而是因為在純粹的專注下，能如實捕捉對方的狀態。也因為這份專注在，我才深刻體會到，以前認定的「好朋友模板」不過是一種自以為是，一頭熱地幫忙，卻不見得是對方想要的。因此那一天，我不但沒急著拉她休息，也沒要她打開心房聊情傷，反而請她幫我泡咖啡泡花茶，央求她給我看新買的手沖壺，到了傍晚，甚至還撒嬌說想念她煮的燉洋蔥湯，晚上挽起袖子跟她一起做菜。

我沒有開導她、沒有陪她罵前男友，還一直磨她幫我忙進忙出，但因為持續專注地交談，留心她的語氣，她想談的時候就順著聊，不想談的部分就放著不深究，沒有「安慰」或是「開導」做為目的，也沒有怎樣才叫「夠朋友」，陪伴反而具有非常高的品質，共同參與的雙方都自在，而且流動的能量溫暖而療癒。

那天離開以前，朋友的精神明顯放鬆了，活力也開始恢復，跟早上見面的時候判若兩人。而以前的我陪伴失戀的人，整天下來會耗掉很多能量，但那天卻完全不疲倦，反而覺得很滋養，明明什麼都沒做，彼此之間卻有一種很柔軟的親近感。

如果你要問怎麼辦到的，我會說，這種能量沒有捷徑，最好的方法就是培養「專注力」。人無法和彼此「同在」的真正原因，是內心有太多的自以為是，而「專注力」能夠把人拉回當下，感知對方的情緒狀態，自然也能夠用合宜的方式善待彼此。

在那樣的場域裡，角色不是「拯救」與「被拯救」，而是純粹的「同在」，自然不會有被負能量干擾的問題。我們在「低頻環境」調養專注力的時候，一面保護了自己，同時也滋養了他人。

閱讀速度，潛藏你的「知識焦慮」

我是一個看書很快的人。

如果真有個圈子叫「閱讀圈」，下次你注意這圈子裡的人，說起「我看書很快」的口吻，是不是都有一種尾音上揚的自豪感，而那些敢承認「我看書很慢」的人，顯然語調稍弱，帶點抬不起頭的羞怯。

個中微妙不言而喻，在這個高速運轉的社會，不管「快」是翻過去不求甚解的「假快」，還是一目十行、天賦異稟的「真快」，當「快」已經成了人人欲奪的錦標，學富五車的代名詞，人們最終沾沾自喜的是堆疊出來的閱讀數字，而不是從中磨亮了多少智慧的光澤。

實行「專注力練習」的時候，我很快就從「閱讀」的過程中，辨識出自己有這樣的傾向。我沒有學過速讀，但因為從小喜歡看書，閱讀速度算中上，比一般沒看書習慣的人快，但是跟受過速讀訓練的人相比，又算偏慢了。這倒不打緊，因為我也不喜歡浮光掠影地看文字，有時一段話甚至想重複看兩三遍，思索跟它的共鳴點，而不是走馬看花，眼光「打卡」過就算有看的「看」。

然而，這是以前的我。開始成為文字工作者後，必須更大量地接觸到書籍、文字、甚至連閱讀都成了工作——信箱動輒躺了八萬十萬字的稿件，等待推薦人同意掛名。於是，自己原本想看的書、最近話題火紅的書、書展買回來的書、喜歡的作者出的新書、出版社邀請推薦的書，層層疊疊，像個永遠侵蝕不完的海岸線，海浪只能無力地拍打，一次撥掉一點屑屑。

有次我正在做「專注閱讀」練習，拿起一本待消化的書，下意念告訴自己「看完這二十頁之前，我不分心做任何事」。刻意維持高度專注時，會伴隨一股清晰的覺察力，我很快意識到自己才看沒幾頁，心神就開始散亂，而那散亂卻是來自一股躁動感，不斷戳著我的眼球道：「看快點！太慢了！加快加快！後面還有七八本書在排隊你知道嗎？」

我就像一個輕裝簡囊的旅人，只想要漫步欣賞大峽谷的壯闊風景，後頭導遊卻嗶嗶嗶吹著口哨，推推搡搡地想把你趕上遊覽車，因為還有八個景點要看、要拍照、要打卡到此一遊，落後不得。

咦，「落後不得」是什麼意思？我在心底捕捉到這個字眼，不禁感到疑惑。但是專注閱讀的過程中不能分心，於是我在努力看完二十頁之後，才開始反覆琢磨這四個字的意味。

為什麼我要用「落後」兩個字？為什麼我這麼害怕「落後」？又不是要考試、也沒有人強迫、更不會處罰，為什麼我心裡會浮起這樣的恐懼？我到底在害怕什麼？

這樣反覆跟內心對話，我分析出一個以前沒意識到的恐懼——原來，我犯了新世代的集體困境：「知識焦慮」。知識焦慮，是泛指那些瘋狂地吸收新知，地毯式地搜索資訊，或在生活各種片段見縫插針地學習，深恐自己落後潮流的焦慮感。

然而人們患上知識焦慮的原因，往往不是真的「缺乏資訊」，也不完全是「愛好學習」，真正的源頭，是心裡「害怕落後」。這個世代的人，一出生就面臨嚴峻的競爭，絕大部分的資源掌握在少數人手中，凡人如你我只能搶奪剩下的碎片。從小感受到機會稀缺，感受到掙扎出頭的困難，生存焦慮一旦投射在「知識」上，就會視其為救命繩索，看到什麼新知就往懷裡塞，聽到什麼當紅的都想抓一把，也不考慮自己是否有能力消化。而說穿了，瘋狂地追求「閱讀速度」，也是反應這股「生存焦慮」罷了。

我內心那股催促「看快一點」的聲音，就是「生存焦慮」的聲音。

我的職業是作家和心靈工作者，最重要的謀生技能，恰好就是知識和文字。多看幾本書，就能堆砌出更厚實的產出，也有能力寫出更多精闢的論點；而多幫忙推薦書籍，除了能趕上話題之外，也能多創造一點影響力，再從世俗一點的面向來說，還會有一筆額外的稿費收入。

文字產出、充實思想、增加影響力、穩定收入，以上四點，哪一個不是我貨真價實的生存焦慮？而那股讓我看書時定不下來，催促我眼球動快一點，手翻頁快一點的聲音，不過這股焦慮忠實的回音罷了。

然而，什麼都「快一點」，真的是我要的嗎？我反問自己。

當我快馬加鞭，眼光飛快地流過文字，其實已經喪失了看書的最初目的，也就是「淬鍊思考」。我充其量不過是霸道的採集者，強摘知識妝點自己的表皮而已，但生存焦慮不會因此減少，反而會越陷越深。

我們很多犯上「知識焦慮」的人，不也是這樣嗎？買書買到堆了好幾座山，報名課程不手軟，手機裡載滿了學習軟體，吃飯的時候還要一邊看美劇練英聽——樂於學習是好事，但超過身心負荷，卻還是停不下來時，我們不應該盲目為自己的「好學」沾沾自喜，而是回頭檢視那股滿腔的動能，是否並不是旺盛的學習力，而是滿滿的生存焦慮？

一旦揭開真相之後，人才有能力釋放真正的問題。

我自己的作法是，處理知識焦慮，要先重設閱讀的價值觀：**「看十本書略懂皮毛，不如看十頁書學到骨髓。」**

一個思考沒有深化的心靈工作者，就算飛快看完整座山的書，也像環遊世界卻只有拍照打卡的網美一樣，沒有任何實質意義，而內在沒有成長的話，就更不可能抒解生存焦慮。

我開始耐著性子，不再急著把書看完，卻會在每天闔上書之前，認真地問自己：「今天看這二十頁，有學到東西嗎？」消化不完的書就放著，推薦書看不完就不要接，寧可在少量的書籍裡耐心鑿出黃金，而不是踩著油門衝過金礦上，卻兩手空空地離開。

而很快地我就發現，這個改變激起了人生的連鎖反應。雖然看的書變少了、變慢了，卻因為修復自己跟「知識」的關係，細嚼慢嚥，反而獲得真正的滋養。被滋養的心神，更能產出厚實有力的文字，而好的文字產出，影響力自然也能持續擴散，隨之而來的收入增長，也回頭療癒了生存焦慮。

我依舊熱愛學習，但更相信「學習」是一把梯子：貨真價實地踩上一階，也比拚命架了十層樓的梯，卻還留在原地打轉，來得更有實質意義。

你不是吃飯快，而是對「滿足」飢渴

油亮亮的湯剛端上桌，熱氣還蒸騰未散，心急的客人抄起筷子，夾了一口滑溜溜的麵條，不顧湯汁四濺，稀里呼嚕地吮進了嘴裡。

有時候看別人吃飯如此猴急，還以為有人站在後面拿碼表計時，三分鐘內吃完可以免費。不過雖然我這樣調侃別人，自己卻也是吃飯超快一族，常常吃東西的時候，食物只是路過我嘴巴，意思意思咬到可以吞的大小，就會讓它通過喉嚨溜下肚。有時候嘴裡還在嚼，手上的筷子已經急著夾下一口，等著找縫隙塞進嘴裡。有時候嫌自己吃得太慢，還會順手灌一口湯或飲料，把食物和味道一起嚥下去。

你心裡可能已經在暗忖：真誇張，怎麼吃飯這麼難看？不過真相是，我們或多或少都有這樣的傾向，只是自己沒有意識到罷了——因為我們吃飯時都在滑手機。

第一次好好觀察自己吃飯，是在實行專注力練習的時候。因為不能看電視、不能玩手機、也不能在眼前攤個報紙邊翻邊嚼，為了不要「逃避無聊」，我只能努力深化「吃飯的滋味」，強迫自己專注在眼前的菜色，煞有介事地把飯菜慢慢夾起，送入齒間，再細細咀嚼感受它的味道。

理性上，我很滿意自己當下進食的步調，但情感上卻不由自主地浮起一股煩躁感。「太慢了、太慢了、快點、再吃快一點！」那個感受在心底打著浮躁的節拍，意圖加快我吞嚥的速度。它促使我打量眼前那塊鹹鹹香香的滷豆干，即使上一口白米飯還在口中排隊，卻已經心急地推著我伸筷子，硬是把豆干送進嘴裡。

我被這股焦慮感糾纏得很不舒服，但依照我對身體的理解，身體不會莫名其妙要求我做對健康沒好處的事，可是為什麼，卻有個感受在催促我「快吃」呢？最後索性放下筷子，凝視那股浮躁的情緒，才慢慢觀察出感受的背後，是一股「對滿足的飢渴」。

吃飯的速度，反映「沒耐心」的焦慮。跟「進食」瞬間的快感比起來，「咀嚼」其實是相對無聊、漫長、又純粹功能性的生理步驟。

雖然好好地吃飯，確實也能研磨出幽微的甜香，但跟食物入口的那一瞬間相比，刺激度可差得遠了，活色生香的快感顯然大獲全勝，無味的「咀嚼」滋味相形失色，變成我們吃飯時急欲省略的過程。

如果今天用餐時不專心，一邊看電視或滑手機，我們可能根本沒注意到，內心有這樣一股躁動的情緒，只會稀里呼嚕把飯菜划進嘴裡，填滿心理的空洞。但因為專注力練習，我直接觸摸到了這股情緒的悶燒，也才有機會問自己：「你怎麼了？」

什麼樣的心，會一直尋求「快速滿足」呢？我很明白，是一顆有坑洞的、覺得焦慮的、喪失耐心的心。

人如果處於這樣的內在狀態，就會下意識地想用最快的速度被撫慰，不在乎身體要承擔後果——我內心都有一個坑了，誰還管你之後怎麼樣？當然是尋求立刻見效，越快越好。

這也是為什麼人在壓力大的時候，會情緒性地暴飲暴食，因為那是用「口腔」，在為「心靈」追求速成的快感。

「吃飯快」，可以說是「反映內在焦慮」最初期的徵兆。但我又為什麼這麼焦慮呢？我反思著近期生活的情形，確實最近工作上，湧來一些緊急的案子，搞得我精神緊繃，醒著的時候煩惱今天、睡著的時候擔心明天，焦慮的頻率一旦滲入生活之中，人就會想在其他地方尋求快速補償——包括催促自己更快地、更多地吞下食物，好讓自己能被短暫的刺激填滿。

那從「吃飯太快」的徵兆，探測到自己焦慮的原因之後，我們又該怎麼辦呢？

我下了餐桌之後，走回房間拿出時程表，開始著手處理自己的工作量。我主動跟對應的窗口商量，把一些不急的部分延後完工，並且取消一些瑣事，好讓自己可以專心完成必要的進度。當我做完這些安排時，內心的燒灼感就開始明顯減輕，竄流的焦慮也一點一滴地淡出神經。

晚餐時間，當我再度坐上餐桌，慢條斯理地夾一口飯，放入口中靜靜地咀嚼時，身體感到相當舒適自然。而心裡那股催促著我「趕快、趕快」的聲音，已經弱到幾乎聽不見了。

戒手機：取回大腦的使用權

智慧型手機問世後，以短短不到十年的時間，迅速成為人類的第二個大腦，甚至有取代第一個大腦的跡象。

智慧型手機，是在我大學畢業後才蓬勃發展，所以嚴格說起來，至今我人生裡沒有手機的時間，比有手機的時間還多。但我們這一代已經很多人忘記，沒有手機以前自己是怎麼活的。出門發現忘記帶手機，就算遲到了也會鐵青著臉飛奔回家，否則怎麼查地圖、查公車時刻、怎麼接客戶電話、怎麼跟別人說「不好意思我會晚到十分鐘」？

我自己也很仰賴現代科技的方便，反正連上網路，什麼資料都在幾秒內納入囊中，因此出門永遠懶得查交通，只會大概知道捷運坐到哪一站，下車才杵在月台查地圖，又或者出去玩也不想先做功課，到了當地才連上網路，用關鍵字搜尋景點。

這些算不上是「壞」習慣，甚至可以說是現代人的特權吧？「第二個大腦」實在太聰明、太好用了，以至於人容易雙手一攤，什麼都交給手機，反正只要它有電、沒壞，天涯海角都鞠躬盡瘁，死而後已地服務主人。

可是在練習專注力的時候，被迫要戒手機，我才發現「第二個大腦」取代人腦的程度，比我以為的還要嚴重很多——甚至因為衍生出心理上的依賴，讓我無意間放棄不少「第一個大腦」的能力，但它們在戒手機的過程中，又慢慢被取了回來。

以下簡單介紹兩個：

一、認路能力

我原本就是典型的路痴，從來沒有順利照著別人指路走到目的地過，同一個地方去了很多次，每次都還會在同一個路口轉錯彎。

智慧型手機問世以後，電子地圖成了我的導盲犬，從那以後走路根本沒記過路標，習慣一路低著頭看GPS位置，沿著箭頭左彎右拐，最後一抬頭就是目的地。但是專注力練習期間，走路只能好好走路，不能一邊看手機，這下怎麼辦呢？只好在出門前，或最晚在下車後，在路邊站著查好地圖，努力默背在心裡：「好，沿著民權東路直走……接著左轉光復北路……第一個路口右轉，再走一百四十公尺……」

一開始其實很吃力，不過試了幾次以後發現，認路並沒有想像中困難。原本過度依賴手機，已經讓記性變得很脆弱，走個十來公尺就要看一下，低頭的次數一多，內心就會開始湧現煩躁；現在刻意記住路線後，反而可以走得更悠閒輕鬆，頭腦也因為刻意使用記憶的區塊，反而比之前更清晰活絡。

順帶一提，如果路線太複雜，真的走到一半忘了怎麼辦呢？我自己的經驗是，不用把這個練習看得太硬，真的懷疑自己走錯了，還是可以在路邊停下來查，只是盡量不要邊走邊滑就好了，也就不違背專注力練習的精神。

二、環境適應力

你有沒有意識到，自己一旦身處環境惡劣的地方，就會習慣性地掏出手機呢？例如：擁擠的車廂、吵雜又凌亂的路邊攤座位、悶熱又走不開的密閉空間。

多年以來，掏手機已經成了我的反射動作，習慣到根本沒發覺不對勁。直到專注力練習期間，才對自己有了覺察：我在惡劣環境裡馬上想掏手機，其實是想躲進這個虛擬洞穴，不然我受不了人這麼多的地方，看到垃圾掉滿地的地板就渾身不對勁，悶熱的空氣也讓我窒息。

而長期以來，我都習慣用滑手機閃避刺激的環境，甚至不知道自己在閃避，一點一滴累積下來，對環境的適應力也大幅下降。有一次我在夜市裡，坐在一個攤位的桌邊，桌子又油又舊，地上有用過的免洗筷，幾根麵條，老闆大剌剌地蹲地上洗菜，水偶爾濺了幾滴到我旁邊的地板。

我的精神又想逃到手機的防空洞，但這次我深吸一口氣，告訴自己，不要跑，沒有這麼可怕，去適應它，不要跑。刻意把自己放在當下，如實地看著這一切：油黏黏的桌子、濕答答的地板、擱在角落的廚餘桶——雖然讓人不太舒服，但觀察久了，好像也就這麼回事。當我如實地感受當下，肌肉竟然逐漸放鬆，原本不舒服的環境，也能讓我覺得相對自在了。

這樣的練習反覆幾次以後，我得到一個有趣的結論：人一旦不要逃跑，內在空間就會被慢慢打開。我們其實不是沒有彈性，而是過度依賴手機解決不舒服，而削弱了適應力。然而，手機並沒辦法真正解決不舒服，只是靠著刺激來轉移，久而久之，對「第一個大腦」也會產生過多的負荷，同時削弱原本的能力。

你是善用「第二個大腦」，還是被「第二個大腦」取代原本的大腦呢？試著觀察沒有手機時的自己，觀察自己在什麼情況下，會無意識地逃入「精神洞穴」——那就是我們舒適圈的邊界。深呼吸，不要逃跑，靜靜地觀察當下，調整身心的彈性，你就能夠取回「第一個大腦」的力量。

你在交朋友，還是在「拚輸贏」？

一個人聊天的方式，可以透露出很多個性上的細節。比方說，講話不斷插嘴的人，往往眼裡只有他自己；三兩句就要扯到自己名校畢業，合理懷疑，這個人有自我價值的課題。

但人往往很容易觀察別人，卻很難觀察自己，只有一個時候例外：專注力提高的時候，人也能成為自己的觀察者。

隨著專注力的點滴養成，我已經很習慣在跟別人談話的時候，把專注力收回當下。即使只是聚會中的一般閒談，也能像捲起風箏線一樣，輕輕巧巧，平平均均，把注意力召喚回來。

「你男友是不是脾氣不太好啊？」那日三五好友聚會，朋友埋怨起自己另一半，我攪著茶聽了半天，脫口而出這句話。

「沒有啊！」朋友想都沒想，就一記扣殺般的反擊。我當下一愣，隨即聽到她用高八度的語氣解釋：「我男友沒有脾氣不好啦！只是有時候講話比較直，但他氣完就算了，平常還是對我很好——」

下略她八百字「男友其實對我很好」的事蹟時，我心裡輕輕搗著有點發燙的臉頰，隱隱有些不悅。搞什麼，剛剛她明明就說，男友會情緒失控叫她滾出去，甚至忙的時候脾氣一來，會直接掛她電話，脾氣哪沒有不好？我明明就沒說錯，為什麼要當眾反駁我？現在又說男友對她多好是哪招？對她好是一回事、脾氣差是一回事，這兩者沒有關係好嗎？

小劇場在心底演了一圈，但回過神來，大家已經瞎扯到毫不相干的地方了，我找不到縫隙把她男友塞回話題，心裡兀自悶悶地乾燒著，甚至想找機會扳回一城。然而就在這個生悶氣的空檔，專注力及時為我逮著了這把火，愕然地提問：「你到底想爭什麼？」

對啊，我到底想爭什麼？就讓話題開開心心下去不行嗎？剛才一瞬間氣氛差點急凍，至少現在嗅起來是乾爽明亮的，你到底想怎麼樣？沒看到剛剛她急著反駁你的臉色，為什麼又要把話題扯回來？

「因為我只想證明自己是對的。」當心中浮起這個答案時，我深深地呼了一口氣，是慶幸，也是嘆息。幸好，幸好我沒開口，我竟然沒意識到，自己只想「拚輸贏」。

這已經是我的老毛病了，從小到大，很多事情我都想跟人爭對錯，卻一點都沒有自覺——就像某種對錯誤的「潔癖」，除非對方能清清楚楚、用邏輯用事實證明我錯了，我才會承認自己有錯，但也承認得很不甘心，覺得像是身上留個汙點，惹人嘲笑，連我自己都看不起。

很難追溯這樣的「犯錯潔癖」是怎麼養成的，我猜想，或許是成長教育太過於強調「正確」的絕對性吧？一個總是「正確」的人，可以獲得比較高的考試成績，也獲得比較多的喜歡。而總是「正確」的人，屬於好學生、被尊敬、在社會前途無量的那一方；「錯誤」屬於愚笨的、被嘲笑的、別人會貶低你的那方。

我們多少都有輕重程度不一的「犯錯潔癖」，而嚴重如我，甚至只是好友閒談中，船過水無痕的「錯」都無法忍受，明明早已駛過萬重山，還硬要拉著輕舟掉頭，回來證明自己「沒錯」。

專注力帶來的高度覺察，及時拉住我的衝動，接著又輕巧地在我心中一點，要我注意眼前朋友的反應。我忽然意識到，朋友的話題從剛剛開始，就繞著吃喝玩樂盤旋，再也沒有棲回感情這根樹枝，即使有，也很快就飛走，或是閒扯不相干的瑣事。

那份「刻意」在我心中泛起了疑惑，我想起剛剛她漲紅著臉反擊的表情，忽然醒悟，其實她不是真的在反駁我，而是生氣有人說她男友不好——她自己可以，但我們不行，所以她繞著圈子走，再也不肯把軟肋交出來，這是很正常的事。

如果我沒有覺察這一切，接下來會怎麼樣呢？當我縱容著「犯錯潔癖」橫行，又用「對了，你剛剛不是說你男友沒有脾氣不好，但明明就有啊——」扯回話題，場面想必會很尷尬，最後大家笑著圓了場，我卻也在毫無自覺之中，扯落了幾片友誼，還沾沾自喜地認為扳回了一城。

你身邊也有這樣的人嗎？或者，你自己偶爾也有「犯錯潔癖」呢？

同處於「正確」才是王道的社會，「犯錯潔癖」其實潛伏在多數人的血管之間，只是每個人在意的點不一樣，有些人在「工作」上表現特別強烈，明明一起解決事情比較重要，卻非得在會議上為了「對錯」爭得面紅耳赤；有人專門發作在「感情」上，任何事都要占上風，連分手那一刻，都還要對方承認不是他的錯，才像打勝仗一樣轉身離去。

長期以來，我們也許都有這樣的疑惑：不知道為什麼，也不知道什麼時候，友誼總是莫名地流失？身邊的人也莫名地，認識沒多久就想跟我保持距離？透過「專注力」這把放大鏡，或許能看見一些自身的習性，一點一滴地改變；而那些破損的人際關係，也會在自我覺察之下，一針一線地被縫補回來。

他不「無聊」，是你「無法跟他聊」

不知道是不是我的錯覺，總覺得年紀越大，越難交到新朋友。可能是毛變多了、耐心變少了、加上「一個人的美好」蔚為潮流，因此即便三十歲以後，來往的就是那幾個，也不覺得有什麼不妥。

雖然我曾經在《老妹世代》這本書裡，寫下〈我的交友圈不寬：你值得才進得來〉這樣的文章，然而人生閱歷再細細抛光幾年，我發現有些東西改變了——也就是對「值得」的定義。

二十來歲的我，剛捨棄「花蝴蝶」的人生目標，覺得朋友三兩個就夠，能夠聊很深的話題，能夠坦然在對方面前展現自己，才夠格進入我的「交友圈」。而其他聊不來的，一律敬謝不敏，一點也不想浪費時間在浮泛的交際之上。

可是我怎麼判斷「聊不來」？原本的我是這樣的，當聊到一個話題的時候，我會先拋出自己的想法，如果對方沒辦法有共鳴，或是對立的論點很薄弱，我就會默默在心裡打個小小的叉，以後依舊客客氣氣，卻不會再想進一步深交。不是對方做錯什麼，而是覺得如果價值觀不一樣，未來聊什麼都有可能踩雷，乾脆列入普通朋友名單，或是不交這個朋友也沒關係。

反正我覺得自己不缺朋友。

我從來沒有質疑過，這個想法其實很傲慢，反正一個人可以過得很好，又因為作家／心靈工作者的身分特殊，通常別人需要我的時間多，我需要別人的機會少，獨來獨往成了習慣，一旦話不投機，就揮揮衣袖下次不聯絡；若是閃躲不了的場合（同學會、朋友婚禮……），就埋頭躲進手機裡，想著熬過那兩小時就能海闊天空。

可是專注力練習是面照妖鏡，照得我盲點無所遁形。那天是朋友結婚，喜宴結束後，比較熟的朋友先趕回家，我和另一個朋友走路去搭車。那個朋友已經幾年沒見了，但在我的印象裡，她就是個「無聊」的人，只喜歡吃喝玩樂，沒辦法聊太深的話題，所以我很少主動跟她講話。剛剛婚宴上因為坐得遠，沒什麼機會打招呼，這次偏偏要一起搭車，又在「專注力練習」期間，我無論如何也不能逃到手機裡，兩人尷尬無話地走著，我只好硬著頭皮打開話題。

「你家住哪裡啊？」我問道。

「我住中和，黃線直接搭到底就到了。」眼看話題就要句點時，朋友看到旁邊一間手搖飲料店，興奮地指著道：「原來這間在這裡有開分店！等我一下，我要去買一杯珍珠奶茶，你要喝嗎？」

「不用了，沒關係。」我禮貌地擺擺手，看著朋友點了大杯的半糖珍奶，滿滿的冰塊，不習慣喝冰的我胃又揪了一下，她一邊戳著吸管吸著，一邊在路邊陪我等公車。

我沉默了一會兒，但就在這轉瞬即逝的片刻，我意外地照見出自己的變化。以前的我，說話時沒有把專注力放在對方身上，很容易脫口而出這樣的話：

「這一杯熱量一定很高吧？我怕胖，平常都不敢喝。」慢著，你有想過對方也是有點肉肉的女生嗎？

「我不喜歡喝手搖飲料，太甜了，而且好多人工香料喔。」人家都已經喝了，你是要她吞下去還是吐出來？

「珍珠不是修飾澱粉嗎？喝了胃很容易脹氣欸！」她不介意就好了啊啊啊，你管人家！

我心裡彈跳出許多選擇，但因為專注力穩定的運作，總能先一步覺察出哪裡不妥，於是話語翻了個身，又落回心裡。我細細琢磨那些句子，意識到它們確實有欠妥當——全部都是以「我」為中心，又充滿了「指導」的意味，以前的我沒有覺察，一定很常就脫口而出刮人的話，完全沒顧慮到對方的感受，還以為在「引導」對方正確觀念，心裡覺得沾沾自喜。

但被這樣「指教」了，還能夠附和認同的人，畢竟是少數。大部分的人，要不就是自討沒趣的句點，要不就是出言反駁，一來一往之下，又被我心裡打了叉叉，歸為「價值觀不合」或是「無聊」的人——但這一切都不是他真的「無聊」，而是我「無法跟對方聊」。

不逃回手機，把感受放在交談對象的「專注力練習」，點出了我話語中無意識的「傲慢」。看著朋友喜上眉梢地喝著珍珠奶茶，我想了一想，改問：「你平常很喜歡這一家啊？跟其他家比有什麼不一樣嗎？」

「這家的黑糖珍珠很新鮮！咬起來都不會死甜，也是當天現做的。」朋友愉悅地說：「你下次要喝記得點半糖，他們家半糖不會太甜，珍珠本來就有甜味了，這樣搭起來剛剛好。」

「是喔！」見她打開話匣子，我也愉快起來：「其實我以前也很喜歡珍珠奶茶耶，我覺得要看一家飲料店的功力，就要喝它的珍珠奶茶！」這也是我的想法沒錯，雖然我現在不喝了，但放下指正別人的習慣後，很自然就能調出頻率相符的記憶，順著話題聊下去。

「對！我也這麼覺得！下次如果你去夜市，有一家一定要去喝，那間超不起眼，但只要有開一定大排長龍……」朋友口沫橫飛地聊起來，甚至還打開地圖軟體，一邊跟我分享她推薦的美食。

那一瞬間我已想不起來，當初為什麼會覺得她很「無聊」。或者其實很多時候都是這樣——我們以為朋友很難交，常抱怨別人很無聊，事實上那些人從來沒有無聊過，只是我們說話時自我為中心，又有不在意對方的感受的壞毛病，才讓其實很多「有聊」的人，在自己身邊變得很「無聊」？

學會說「等一下」的勇氣

你知道人為什麼會手忙腳亂嗎？一個關鍵原因是，我們不敢說「等一下」。

這個「等一下」跟賴在床上滑手機，媽媽叫我們去洗澡時，我們大喊的「等一下啦！」不一樣，這種等一下，是內心缺乏意願，但又不得不做的時候，所喊的一種拖延；然而真正困難的「等一下」，是我想做、也該做、但是不適合現在做，我卻無法抗拒那股衝動時，所該喊的那聲「等一下」。

很抽象嗎？舉個例子來說好了，這是發生在我練習「專注通勤」時的事。我平常通勤的時候，不是看書就是滑手機，而且滑手機的次數高得驚人，每每屁股剛找到位子坐，手馬上就反射性地伸進包包，嘴巴說「怕有人找我啊」，但心知肚明根本沒什麼急事，而且滑了一輪確定沒人找我之後，我也沒有自制力把手機放下來，而是開始滑塗鴉牆、滑新聞、百無聊賴地在不重要的臉書貼文上點讚。

但是在四十九天的練習周期內，只要當天是「專注通勤」日，我就會乖乖把手機收到包包深處，在座位上閉目養神。如果開始有戒斷症狀出現，例如下意識地又想拿手機，或是身旁的環境吵雜，想靠滑手機逃離現實的時候，我就開始用「空瓶法」——精神高度集中，讓環境聲音流進來，但不對它起反應，專心當個清澈透明的瓶子，心很快就沉靜下來。

我對這項練習上手得很快，因為本來就覺得手機負面能量很強，以前每次靜坐或閉關結束，都會很抗拒觸碰手機，當身心平靜的時候，很明顯就能感受到它的刺激性。而根據我的觀察，只要那陣子我身心狀態良好，拿手機的次數就會巨幅下滑；但如果這段時間我心情很焦慮，馬上就會反應在滑手機的頻率上。因此當實行「七件事練習法」之後，心一日一日地穩定下來，想拿手機的慾望也直線下降。

但卻有一個例外，就是刺激到「課題」的時候。

有一次，我出門搭車前才寄出一封回信。坦白說，剛收到那封信時我有點不太愉快，因為對方信裡寫的東西，跟我們之前談的不一樣，不曉得是記錯了，還是溝通有誤會。我在回信裡把「我認知的」版本重寫一遍，還盡量修飾措辭，檢查兩遍以後，自認沒問題才寄出，接著匆匆收拾出門了。

然而，當我在捷運上坐定，開始練習「專注通勤」的時候，思緒又不小心飄到剛剛那封信上。我不斷忖度，對方收到信了嗎？他看了會生氣嗎？會堅持他自己的立場嗎？可是這樣要怎麼辦，我不想接受他的版本，難不成要反悔嗎？這樣之後見面會不會很尷尬？他會不會覺得是我搞不清楚狀況？我還是先看看他回信了沒好了……

就在手又要無意識地伸到包包時，我猛然警覺：「等一下，我不是在練習專注嗎？不能看手機吧！」我把手機放回去，努力深吸一口氣，但內心隨即又焦慮了起來：「剛剛那封信我寫什麼？應該有完整表達我的意思吧？會不會口氣太衝，我剛剛是用『您』還是『你』啊——不管了啦！我還是看一下好了——」「不行啦！現在是練習時間，而且你們根本連合作時程都還沒敲定，現在看跟晚上看，有什麼不一樣啊！」

我就這樣不斷地想拿手機、又不斷勸自己放下，折騰了半小時後，自制力的額度終於用罄，當我受不了拿起手機滑開，焦慮地點進信箱後，發現裡面躺著一封簡潔有力的回信：「噢！好哦！抱歉是我記錯了，那就照你說的沒問題！」句子後面還附一個笑臉，瞬間粉碎我腦中劍拔弩張的小劇場。

我長長地吁了一口氣，這時才冷靜下來，看著玻璃窗上的倒影，覺得狼狽不堪，可也在那一刻我意識到——**要發掘一個人的課題，看他失去「定力」的時候最準。**

我反覆思索：為什麼平常想分心時都撐得過去，偏偏這件事會讓我「破功」？後來才發覺到，原來這件事戳到了我的「權威恐懼」。

我一直以來就是一個很懼怕「權威」的人，成長環境相當嚴厲高壓，即使現在長大了，可以自己作主、可以據理力爭，但心裡隱隱約約還是有「大人說了算」的陰影，覺得只要「權威者」翻臉不認，我就得被迫就範，根本沒有反抗的話語權。

而這次發信的對象，背後代表整個公司，年紀又比我大，所以我無意間已經投射對方為「權威者」，雖然客觀來說我們是合作關係，地位是平起平坐的，而且目前還在討論期，並沒有任何約束力，我卻焦慮到害怕得罪對方、用字遣詞句句斟酌，而且明明可以「等一下」再回，我卻恐懼到馬上就破功，非得在通勤路上就開信箱不可。

如果不是專注力練習，我壓根兒不會注意到，自己對權威的恐懼如此根深蒂固——反正一路上都在滑手機，時不時去看一下信箱也是理所當然，根本不會意識到自己對「權威」這麼害怕，害怕到不敢說「等一下」，哪怕只是在心底對自己說。

說「等一下」是需要勇氣的，尤其是刺激到我們「課題」的時候。有些人的課題不是「權威」，但可能是「不敢拒絕別人」。工作上一通電話來、主管交代一句話，就馬上放下手邊的工作，焦頭爛額地忙起來，一邊抱怨「已經夠累了還來找麻煩」。其實他要練習的，是好好跟對方說「等一下」的勇氣。

有些人可能是「看到什麼做什麼」強迫症，手頭上一堆雜事，明明可以一件一件好好做，卻偏偏要一次處理八件。去影印的路上想順便送公文，公文整理到一半又跑去請示主管案子，回到座位看到桌上有網購包裹，忍不住又手癢想拆。這種「貪多嚼不爛」的症頭，也是需要練習說「等一下」，只不過是對自己說：事情一件一件來，別把所有的事攬在一塊兒，最後一件都沒做好。

覺察自己被什麼事情分心，找出自己對什麼事情最無法說「等一下」，最後拿回的不只是專注力，還有對人生的掌控權。

為什麼，我們這麼想被「按讚」？

有一陣子很想戒臉書，但是我不能。

身為網路起家的作者，讀者觸及都以網路為主，一日不發文，就一日無觸及率，在這「不缺你一個」的資訊洪流裡，自願退場並不會引人懷念，只會讓自己用驚人的速度，消失在無情的記憶裡。

不知道從什麼時候開始，我連寫粉絲團貼文都很難隨興，寫太短怕含金量太低，寫太多怕讀者沒耐性，精雕細琢了半天，連斷句分行都行禮如儀，還要搜尋一張免授權使用的配圖，要吸睛，手指滑過去會讓人想拉回來瞧瞧的那種等級，上傳，但又不能馬上上傳，得排程在讀者有空滑手機的時間，約莫是上班通勤或睡前，差半小時按讚人數會有差。

有時候覺得自己還是有老闆的，這老闆不是別人，是陰晴不定的臉書觸及率。

當一個人寫文寫到堪比生小孩的程度，自然很關心別人怎麼看這個小孩，這個「關心」是時時查看讚數、留言數、分享數、以及分享的時候說了什麼，別人在分享下面又留言了什麼。尤其是那些特別討喜的文章小孩，趕上了時事分析或一筆點出特別多人的痛，拋回十倍百倍的觸及率，都會讓媽媽我沾沾自喜，反覆穿梭在眾網友留言之間，點頭微笑舉香檳道謝，一邊不忘並用眼角餘光守著新讚美，準備隨時過去點個愛心，以表待客之道。

有一陣子我觀察到，浸淫在這樣的環境久了，身心都承受很大的壓力，即使是一面倒的讚美，也會引發心跳加速，呼吸短促，需要花時間平復精神亢奮。更別說偶爾出現負面批評，少部分有理，大部分無理又無禮，猛地往沸騰的腦中澆一盆冰水，瞬間讓人凍得齜牙咧嘴。

我後來厭倦這種追求讚數的遊戲了，有很長一段時間，雖然還是會檢驗自己的貼文品質，卻也不再那麼患得患失，整顆心都掛在上面懸。正當自以為已經脫離「求讚遊戲」時，某天卻發現，虛榮心不死，只是逐漸凋零。

那天我拋了一篇時事文出去，自認分析精確，運筆清爽，迴響應該會不錯。果然發出去沒多久，讚數節節攀升，讀者一篇篇留言熱推，盛讚文章精闢中肯，熱門關鍵字又送來更多的觸及率，以及更多的分享，文字就像一朵盛開的花，正開始熱烈播送它的香氣，招來遠方更多好奇的蜜蜂蝴蝶。

我在回完該回的留言後，像往常一樣把螢幕關上，準備開始消化今天的閱讀進度。可奇怪的是，那天我完全靜不下來，即使反覆把專注力拉回書上，內心卻有個小小的聲音，一直催著我去拿手機：再去看一下啦，再去看一下，搞不好又有人回覆了，再去看一下。等我回過神來的時候，已經下意識地拿起手機，躺在床上打開臉書，開始滑最新的網友留言。

滑完網友留言還不夠，我看了所有回覆之後，又意猶未盡地點開自己的原文，從頭到尾再看了一遍。嗯，真的不錯，好佩服我自己。這樣自戀地關上手機，終於願意拿起書本了，想不到看了兩三頁，那股衝動又湧上來了：再去看一下啦，再去看一下。

一個晚上，我至少重複五六次這樣的行為，並且開始覺得自己莫名其妙：有需要這麼頻繁地檢查嗎？晚上睡前或明天早上再看一次不行嗎？而且看留言就算了，到底為什麼還要反覆看自己的原文，你又不是不知道自己寫什麼！

當人無法克制分心的時候，就是挖掘課題的最佳時機。我在下一次又手癢去點原文時，刻意用旁觀者的視角，去看著自己內心的反應，才愕然地發現，那跟之前反覆關心讚數、關心觸及率是同樣的根源：「我根本不相信自己會被喜歡。」

我從小是個很自卑的人，一直都不相信有人會真的喜歡我，人們會稱讚我不是因為我夠好，而是因為我成績好、夠聽大人的話、表現出眾人期待的樣子。那些「表現」是我的盔甲，我必須要反覆確認盔甲無損，把它擦得閃閃發光，讓它去贏得眾人的讚賞和喜歡，但我一直深深認為，盔甲裡面的我，是平庸的、不值得任何稱讚的，根本不會有人喜歡的。

我反覆看自己的文章，其實是在反覆觀賞那副盔甲。每看一次，我就再享受一次虛榮感，但又隱約覺得那份虛榮不屬於我，是屬於盔甲的，我不斷地看，又不斷地自卑，又想抓著盔甲的光輝，所以反覆地看，證明自己有資格被喜歡。

當一個人擁有夠強的專注力時，普通小事已經不容易動搖他，因為他能夠輕易切斷分心的拉扯；然而有些事情，表面上是小事，根部卻緊緊纏著當事人的課題，例如我的就是「自卑心」，以至於就算只是小小的任務，像是放下手機，好好看完二十頁書，都做不到。

做不到，我們不用勉強自己做，但也不要輕易妥協。跟著自己的分心走，警醒地走，你會發現，那根絲線帶你到心裡很深的地方，看見自己的脆弱。看見脆弱的那一刻，就有了新的選擇權，因為你知道你不是真的無能為力，只是脆弱讓你以為自己別無選擇。

我對自己的自卑心說，我看見你了，親愛的。不管讀者反應怎麼樣，不管觸及率怎麼樣，不管你有沒有辦法影響誰，你都做了一件很美的事：願意把你的想法寫出來，送給這個世界。這樣，就已經夠好了。

我聽見心裡那個小聲音，開始慢慢安靜下來，像閉上眼睛的嬰兒，安詳地睡了。我拿起書本，關上螢幕，這次非常順利地，滑入不被干擾的閱讀世界。

PART

THREE

這一年的意外收穫

有一種錢包破洞，叫做「難得嘛！」

在這個過度消費的世代，我自認算是一股清流：物慾不強、少物生活，還寫過很多文章分析購物慾，談起管理錢包，想當然耳是天衣無縫的……至少之前我是這麼認為。

我是商學院出身的學生，大學時就有很好的理財習慣，即使後來成為自由工作者，收入不太穩定，但因為物慾不高又住家裡，收支打平並不困難，所以從不認為自己有「錢包破洞」（亂花錢）的課題。直到練習專注力的期間，因為時時刻刻審視自己的心念，包括每個花錢的當下，有件事情才慢慢浮出水面：原來我不是沒有「錢包破洞」，而是它藏在深不見底的人性底下。

那個錢包破洞有個名字，叫做：「難得嘛！」

許多人在做有罪惡感的事時，都曾用「難得嘛！」這塊粉餅，掩蓋心頭的那抹尷尬。最常見於過年期間，明明已經像餵豬般連吃三天了，又克制不了伸手拿洋芋片，這時「唉唷，難得過年嘛！」就像一道金牌，免去一場天人交戰。

而出國的時候，這三個字也很常浮出水面。看到什麼台灣沒有的東西，就束帶兩條絲巾、西買兩盒面霜，別人說這裡買什麼特別便宜，卯起來就掃了十幾二十件。明信片、鑰匙圈、磁鐵、平凡無奇的小擺飾，平常在台灣看都不會看一眼，一踏上異國的領土，什麼都變成：「難得嘛！」雙眼發光地掃進購物車。結果這些舶來品千里迢迢回到台灣，普遍的宿命卻是塞在抽屜、囤到過期。

如果只是過年和出國會這樣，那也就罷了，畢竟這些事還真的滿「難得」。但偏偏對我而言，「難得嘛！」是一句經常出現的咒語，總是能屏除掏錢包前的一切猶豫。連去隔壁條街買晚餐，經過炸物攤被香氣勾得心癢癢，「難得嘛！」這句話都會彈出來，讓我忍不住誘惑駐足。而我總是找得到「難得」的藉口：難得周末可以放鬆一下啊、難得在晚上遇到它開、平常難得吃炸的、難得都走到這裡了。等我回過神來，已經跟老闆點了兩份炸物，一隻手開始掏錢包。

「難得嘛！」這個錢包破洞其實很麻煩，因為它花的並不是大錢，所以非常難以察覺；同時它縱容了享樂，讓人因此更不想制止它。

我第一次捕捉到自己會因為「難得嘛！」而亂花錢時，心裡已為之一驚；兩天後又注意到跟朋友吃飯時，我當下其實不餓，但點了主菜後，又手滑加了一份起司蛋糕配紅茶，只因為心裡又告訴自己：「難得嘛！」到底在難得什麼？我聽見自己這麼找台階下：難得跟朋友見面心情好嘛！難得來一家沒吃過的餐廳。

「難得嘛！」滲透的領域還不僅限於吃，再過一個禮拜，我經過地下街，眼角瞄到一串不貴又美麗的水晶飾品，正在猶豫要不要掏錢包時，「難得嘛！」的號角又吹了起來，跟我說難得都來地下街了，雖然你用不到也不需要，但——沒關係難得嘛！

我開始很難分辨，自己到底是因為想買，才把「難得嘛！」當藉口，還是「難得嘛！」已經變成一種內在習慣，在耳邊繞來繞去，為每一個享樂的可能性投下關鍵的一票？

我終於停下腳步，認真思索這三個字，到底為什麼如此根深蒂固地存在。腦中的千絲萬縷，最後連結到小時候，對小孩管教很嚴的爸媽。我的父母從小嚴格限制我們吃冰、吃零食、吃炸物，也不太買玩具。除非逢年過節，或是大人自己想買，網開一面要縱容我們時，都會說一句：「難得嘛！」

對我來說，這三個字是一種「縱容」，一種「溺愛」，是把自

己從禁錮中放出來的一句咒語。而在長大之後，我有能力、有財力、有買東西的決定權時，就開始無意識地使用這個咒語：難得嘛，難得嘛，不用忍耐，不用委屈，你想要什麼，我買給你。

都不是大錢，可是一點點、一點點，這個連結到「縱容感」的錢包破洞，就開始涓滴漏掉我的金錢。我當然可以說，我的收入足夠無視這個小破洞，可是反過來一想，這個破洞背後的線頭，連結的卻是束縛與匱乏，真的沒關係嗎？

花的是現在的錢，想彌補的卻是小時候的自己——但童年的「匱乏」是不可能靠花錢彌補的，我很清楚。覺察的力量就在這裡：光是看見自己的心靈盲點，就足以扭轉軌跡。

當我把「難得嘛！」的內在原因，攤到陽光下曝曬後，發生了什麼事呢？我並不是一夕之間變成很有自制力的人，也還是經常在猶豫要不要掏錢包時，聽見內心繚繞著「難得嘛！沒關係啦！」的聲音。

不同的是，現在我已經可以看清楚，這只是渴望「縱容」的感覺，在跟自己「討愛」。

我會傾聽這個聲音，但保持一段距離——不見得都克制自己不買，如果是吃的，也吃得下，對身體負擔也不大，那就偶爾犒賞自己吧！如果是用的，也用得到，那也買，但只買夠用的量。

當「花錢」回歸吃得下、用得到，其實就已經脫離「難得嘛！」的掌控，也脫離匱乏對自己的勒索。說也奇怪，原本以為內心會更空虛，結果正好相反——當我不再這樣「溺愛」自己之後，匱乏感反而越來越淡了。

經過這一次我體會到，「覺察」和「克制」，其實是兩種不同的東西。由覺察做出的節制，不會有一點委屈的感覺，因為它出於自由意志。但克制不一樣，它是明明想要，但是用更多的規範（例如省錢、變瘦等）來壓抑自己的慾望。換句話說，「覺察」能夠療癒匱乏，

「克制」卻會讓匱乏挖得更深。

在你心裡，也有這樣一塊「錢包破洞」嗎？它的背後，又連結了我們什麼樣的記憶呢？讓我們透過覺察一起找出來吧！

「焦慮型依戀」特效藥

隨著心理學的普及，越來越多人知道「焦慮型依戀」這個詞。而所謂的焦慮型依戀，指的是在感情中，因為害怕失去、覺得自己不夠好，導致心理強烈依附對方，甚至會出現控制、疑神疑鬼、情緒勒索等行為。

而相對於焦慮型依戀的，是「逃避型依戀」。逃避型依戀者的內心深處，其實也是害怕失去、害怕不被愛，但他們反其道而行，「沒有期待沒有傷害」，會刻意從關係中抽離，覺得這樣就能夠保護自己，不會在感情中受傷。

我從第一段感情開始，就是很明顯的「焦慮型依戀者」。因為很自卑，覺得伴侶一定會喜歡上比我好的人，或是念念不忘舊愛，所以控制慾非常強，恨不得拿鍊子把對方拴在身邊，或是在腦袋裡裝監視器，追蹤他心裡有沒有閃過別人的身影。

當然這種談戀愛的方法，常常把關係搞得一團糟，加上我又特別喜歡亮眼優秀的人，偏偏這些人最不缺的，就是曖昧不明的異性朋友。因此每一段感情到最後，都是在嫉妒、爭吵、指責、恐懼之中權力爭奪，把彼此炸得傷痕累累，甚至決裂到老死不相往來。

這種互相折磨的戀愛模式，終於在修復自卑的傷口後得到了終止。而這樣的頻率，也讓我吸引到一位非常有安全感的伴侶，得以邁向一段穩定成熟的關係。

不過即使是跟這樣的對象在一起，焦慮型依戀的舊傷，偶爾還是會冒出來咬齧著傷口，傷口一痛，又會想要確定自己被關注，就像小嬰兒希望自己嚎啕大哭，爸媽就會馬上出現一樣。有陣子我心裡只要空空的，就會拿起手機傳訊息給對方，也沒有要幹嘛，就只希望伴侶能馬上回我，讓我覺得自己有被在乎。

不知道該說是幸還是不幸，伴侶恰好是個非常有耐性的人，加上工作時間彈性，總是能在最快的時間回我，又可以聊到我滿意為止。因此有很長一段時間我都沒有意識到，自己其實是焦慮型依戀發作，才會這樣麻木而頻繁地傳訊息，耗掉一兩個小時在沒意義的閒話上，還以為自己很幸福，伴侶願意為我花這麼多時間。

奇妙的是「七件事練習法」中，沒有一樣是對治焦慮型依戀的，但是進入專注力練習期，焦慮型依戀卻會逐漸被療癒。

在練習專注力的期間，我發現即使閒下來，自己也不太會去敲伴侶，而是很自然地專注手上的事。該看書就有滋有味地看書，該做菜就好好料理手上的食物，真的沒事幹，也會去運動，去挑部影片好好欣賞。等心中真的有什麼想法，再敲對方好好分享，而不是虛耗自己和對方的時間，漫無目的地東拉西扯。

這樣過了一段時間，感情中的「幸福值」竟然不知不覺提高了——不是他變了，而是我變了。減少敲他的次數，專注在眼前的生活，反而讓真正相處的時間更甜蜜，交談更有品質。該看書的時候好好看書，聊天的時候專注聊天，兩件事都能讓精神獲得最大的修復；但如果一味期待對方安撫自己，內心的空洞不會因此而變小，反而助長焦慮型依戀。

「專注力」之所以有療癒的能力，在於它給了「焦慮型依戀者」最需要的東西——「在乎」與「關注」。而且來源不是別人，正是我們自己。

有人會問，這種方法是不是要我們「自己找事做」，就不會一直纏著伴侶陪？其實表面上很像，但動機完全不一樣。因為伴侶不理自己，只好被迫找事情做的人，就算再怎麼裝忙裝獨立，心思卻還是牢牢地拴在對方身上，委屈久了，終究還是會心生怨氣的。

但是被「專注力」療癒的焦慮型依戀不一樣，我們的焦慮，已經被當下自己給自己的陪伴所滿足，這種「獨立」是自願的，不會有一丁點委屈的感覺，甚至不會想跟伴侶索討，以證明自己被愛。

能夠用這樣的品質戀愛，能夠用這樣的品質愛著別人，雙方都是極幸福的。焦慮型依戀的特效藥，從來都不在別人身上，而是在自己身上。「專注力」是一條捷徑，讓這帖特效藥療癒自己，也治癒傷痕累累的戀情。

「不再碎念」的力量

如果說家家有本難念的經，我家那本的第一頁，一定是難解的「母女關係」。

母女兩個脾氣剛硬的人，三十多年來住在同個屋簷下，早把彼此戳成了刺蝟。往往話講不到兩句，一定有人先擦出火藥味，火藥又點燃了彼此的脾氣，新仇舊恨一次爆發，把雙方都戳得千瘡百孔之後，再換來冷戰一兩周的假和平。

三十年來，我和母親都是這樣相處的，直到前兩年出現了轉機。母親因為健康出了狀況，漸漸學著反思自己的內在，甚至會耐著性子請教我問題，母女關係才出現奇蹟似的改善。不過這時候反而是我的問題了——過去緊張的關係模式，已經讓我習慣用「嗆聲」或「諷刺」

的方式跟她講話，即使後來她已經相當友善，我還是改不掉酸她的毛病，會刻意挑她講話的矛盾，批評她做事方式很蠢，讓好不容易轉好的關係又迅速惡化。

剛開始進行專注力練習的時候，我看到母親做事毛毛躁躁、丟三落四的樣子，都會忍不住想開口「指導」她（其實更像指責）：「不要多工」、「一次只做一件事」。但這種不請自來的「指導」當然惹人嫌，母親也搬出那一套「不這樣怎麼做得完」、「我就是忙，哪有辦法一件一件來」回嘴，弄得不歡而散，不過我也從此學到一個寶貴的教訓——「練習專注」是很個人的事，顧好自己就好，不要插手別人的人生。

某一天晚上，母親又開始抱怨明天要上班好累，早上都起不來，起床之後又趕趕趕，每天都差點來不及，出門又忘記帶這帶那，好煩好煩。

以前我聽到這些，一定會劈哩啪啦地指責她：「你做事都沒效率啊！為什麼換個衣服要這麼長的時間？一定是衣櫃亂七八糟，不適合的衣服為什麼要塞一堆在裡面？真的來不及就早一點起來啊！」

然而那一刻，我非常警覺地把話收回嘴裡。心神專注的人，會跟自己的念頭保持一段清醒的距離，當下我意識到，脫口而出這些話雖然痛快，卻也不過是被某種「報復心態」所驅使，對任何人都毫無益處。講完她會改嗎？不會，除了生氣以外，明天早上依舊會這樣衝來衝去，忘東忘西。

「給我一張紙和一枝筆。」我聽見自己的心改變了航線，開往從來沒走過的稀奇路徑：「告訴我，起床到出門這段時間，你要做哪些事，以及每一項會花多少時間？我幫你規劃做事的順序。」

我想著與其指責她多工沒效率，不如省下這些吵架的精力，拿來為她做點什麼。母親有點驚訝，因為我很少自告奮勇幫她做事，她也開始認真地跟我數了起來：「早上起來要上廁所、刷牙洗臉、吃早餐，還有這個那個……」

我耐心地一樣一樣列出來，簡單用五分鐘就完成了規劃，並且將設計好的流程遞給她。

「吃早餐五分鐘夠嗎？我每次都花十幾分鐘，這樣太短了吧？」她皺眉頭看著道。

「你早餐都只喝一碗粥，流質的東西又不用咬，為什麼要喝到十幾分鐘？」我問。

「呃……我想想……好像是因為我會一邊滑手機，看看有沒有人找我……對喔，我想起來了，有時候看一看，又猛然發現時間來不及了，才趕快湊過來喝一口。」母親若有所悟地道：「對耶！原來我的時間就是這樣浪費掉的。」這是第一次在我沒碎念她的時候，母親發現自己浪費時間的盲點。

「那換衣服呢？我換衣服都要花十五到二十分鐘，怎麼可能只要五分鐘？」她又指著流程說道：「我早上常常覺得衣服不合身、顏色搭起來沒精神，所以穿了又換換了又穿，每天早上都是滿床的衣服，出門的時候還是不滿意。」她邊說著，臉上又露出了懊惱。

「那就是問題所在啦！為什麼要把這麼多不合身、不喜歡、穿了沒精神的衣服留在衣櫃？翻找的時間是個大坑洞，該找時間好好整理了吧？」我一邊說，一邊還推薦她看《怦然心動的人生整理魔法》，幾年前我看了以後，丟了好多雜物，大大地改變我的生活。

「丟衣服好浪費，那些都還能穿，算了，我再想想看。」母親聳聳肩道。

我感覺到心在兩條航線前猶豫了一下，左邊是舊航線，駛進去以後就是老樣子，不耐煩地跟她吵：「那你留那些不喜歡的舊衣服，真的有比較好嗎？」右邊是新航線，是知道自己無法勉強還沒準備好的人，所以坦然地放手。

我沒有猶豫太久，專注力練習有個奇妙的「副作用」，就是讓人在兩條航線裡有「重新選擇」的力量，而不是一激動起來，就狂踩油門衝回舊航線。我一攤手，說你看著辦吧，決定放下控制，不再碎念這件事。

隔天我起床，母親已經出門了，但她把那張流程表，好好地貼在冰箱上最顯眼的位置。我有點意外，這回沒碎念她的不是，反而讓她有照表操課的意願，而接下來好幾個月，我還真沒聽到她又忘記帶東西。

再過了幾個月，彷彿這樣等著，因緣際會的果實也默默成熟了。某天母親跑來跟我說：「我今天忽然可以體會到，穿喜歡的衣服感覺真的不一樣，所以一口氣清掉八袋不適合的舊衣服。」她興沖沖地說：「你上次說那個什麼《怦然心動的人生整理魔法》，可不可以也借我看看？」

我驚愕到嘴巴合不起來，連忙跑去找給她，心裡除了瞬間有煙火爆發以外，腦中也浮起了一句話：「天底下最笨的事，就是不斷用同樣的方法，卻期待有不同的結果。」

三十年來，我不斷選擇舊航道，酸溜溜地批評母親，希望她變成「應該有的樣子」，卻只換來更多的針鋒相對。而當我開始有了覺察，選擇「不再碎念」的新航道後，才發現「母女」這道三十年的難題，竟然也在一不留神的時候，被悄悄地攤平解開了。

拖延症，是在對自己生氣

每次網路上有「拖延症」的文章，都像一把對號入座的椅子，讓所有人迫不及待拉開，一屁股地在上面坐好。

拖延症常見的症狀如下：報告快寫不完了，吃飽飯卻坐下來打電動；明天要上台簡報，火燒屁股了還在追劇；事情趕快做完可以下班，卻非得要摸到最後一刻才開始趕。包括作家也常犯拖延症，眼看離截稿只剩一小時了，卻還在滑臉書發文的大有人在。

坦白說在寫書稿期間，我也陷入一段「拖延症」發作的窘境。雖然離截稿日還有很長的寬裕，但在我的排程裡，某一篇進度本該上周就完成的，而我卻反常地拖拖拉拉，一日混過一日，一個字也沒動。

而那些原本預留給寫稿的時間呢？我左思右想，卻怎麼也想不起來花到哪去，就像打開錢包，眼睜睜地發現錢少了，卻怎麼也想不起來到底花在哪裡一樣，推測就是在玩電腦、滑手機、看閒書、賴床打滾這些瑣事上耗光了吧？

在這一個禮拜內，我也不是沒有想過要寫稿，但準備坐在電腦前一刻，我就一定會彈出去做其他事，泡茶澆花洗衣服，家事做得起勁，最後連棉被都搬出來曬；又或者忙著做其他事，哎呀回讀者訊息好忙好忙，哎呀圖書館的書快到期了要趕快看，哎呀時間都這麼晚了，又盯著電腦螢幕寫稿不好吧，算了算了，先去洗澡明天再說。

專家曾對這股現代人的流行病有多種解釋，每個人的拖延症狀不一，成因也不一，我就曾經在韓國精神科醫師的書上，看過一位創作者有拖延症，背後的原因是「自尊低落」——因為害怕作品被外界批判，才下意識地拖延完稿進度，以逃避評論的那一天到來。

或許我也有這樣的成分在，但總覺得哪裡不太一樣。直到兩天前我終於忍無可忍，開始認真觀察自己每次閃避寫稿時，那股內心湧出的反感是什麼？才很意外地發現一件事——「我是在對自己生氣」。

嚴格說起來，我是在對「現況」生氣，才用一種消極的方式，抵抗當下的壓力。這有點像任性的小孩在抵抗父母——好啊，你要給我那麼多功課，我就偷偷在桌子底下畫漫畫；好啊，你不准我看電視，我就躲回房間偷看小說；你周末都逼我去補習，我就偷偷蹺課去逛街買東西。當小孩子被迫承受來自父母的強大壓力時，就會下意識地想消極抵抗，說穿了，也不是真的那麼想畫漫畫、看小說、逛街，而是內心被壓迫的憤怒，需要找個情緒出口。

而我現在在做一模一樣的事，只是反抗的對象不是「父母」，而是「壓力」——並且這股壓力還是來自於自己。

平常的我，是一個很善於安排工作和生活平衡的人，不會勉強自己做超過能力範圍的事，也因此能持續穩定地生產文章。但過去這個禮拜，因為一些突發的行程，導致很多事卡在一起，加上天氣燥熱，晚上睡得很淺，前一天腦子的混沌還沒來得及清乾淨，第二天又得拖著一堆事情奔跑，超過一個禮拜完全沒得喘息。

即使累得滿腹怨言，也怪不了別人，因為真要說起來，這些事情也不是別人逼的，而是自己安排的。在這樣的擠壓下，就算某一天排了三個小時來寫文章，內心深處也會像小孩反抗一樣，憤怒地喊「不要！」我偏要滑手機、偏要去洗衣服、偏要追劇看網路文章，誰要寫稿，反正截稿日還沒到，不要不要不要！

我並不是真的這麼想做這些雜事，也不是必須馬上做這些雜事，而是在對自己生氣，所以下意識地彈去做這些事，表面上是讓人困惑的拖延症，實際上是對現況的無聲抗議。

我們平常對抗拖延症，只會想方設法逼自己「克服」，卻沒有去拆解拖延背後的動機，如此一來，就像拚命把氣球壓進水裡一樣，即使漲紅了臉使盡吃奶力氣，手一鬆開，氣球依舊任性地彈起來。不是我們不努力，而是，其實我們在徒勞無功地對抗自己。

後來那兩天，我刻意幫自己把行程淨空，好好調整回安定的頻率。以前覺得自己忙、自己累，就會陷入「心情差擺爛不想做，之後又卯起來發狂地做」的循環，結果越搞越累，原因是擺爛不是真的休息，而是一種惡性的心理抗議。

那兩天我改變模式，沒特別做什麼，而是在家悠閒地養著神，做早餐，看看書，寫寫日記，玩玩精油、牌卡這些喜歡的小興趣，而且專注地做，不只做「七件事練習法」，也做經過手上的每一件事。慢慢地，腦袋的螺絲鬆了，心中那股「怨氣」也在專注的過程中逐漸蒸散。

隔天，我打開電腦，這次手指終於輕巧地擱上鍵盤，心甘情願接受腦袋的差遣。不是靠截稿死線的苦苦威脅，也不是強逼自己「打敗拖延」，而是靠覺察力抽絲剝繭內心，再用專注力為心靈調頻。

也許「拖延症」這種現代病，是要我們重新看見，它不是一種讓人嫌棄的病，而是反射現代人需要被修復的心。

軟化「生存恐懼」：我只是想和別人不一樣

成長中缺乏安全感的孩子，往往發展出一套應付世界的策略。有些人是屈服於同儕壓力，努力想跟別人一樣；有些則是反其道而行，努力跟別人不一樣。

跟別人一樣比較不會招來異樣的眼光，這點很好理解。同顏色羽毛的鳥飛在一起，比較安全、比較有生存空間，真的出了什麼事，反正分母多，眾人一起分擔威脅。乍聽起來，想要「努力跟別人不一樣」來獲得安全感，是一件很反直覺的事。

可是我卻能深刻理解這種行為，因為，我就是屬於這一類的人。不知道從幾歲開始，我就開始想要「跟別人不一樣」。小時候的我會刻意地打扮像男生，剪短髮，穿著帥氣，女生都在打排球，我偏偏拿顆籃球練投籃；別人都在追星，專輯一張一張買，我卻連一張十元的偶像護貝卡都沒有；同學在追的卡漫或偶像劇，我一概嗤之以鼻；全班搭著遊覽車去畢業旅行，大家的笑聲快要掀破車頂，我會一個人走到角落，靜靜看著窗外。每當這時候，就會有人說我「怪咖」、「不合群」，我心裡反而會綻放起某種奇異的花朵，孤傲地微笑道：「謝謝。」

我怪咖，我驕傲，我一直是這麼認為。

這種習氣延續到成人，即使受過職場巨輪的輾壓，還是沒有把我磨成合群的模樣。甚至叛逃職場，成為自由工作者之後，從價值觀、頭銜、到日常作息都跟常人不同，那股「我跟別人不一樣」的氣息，從此周身上下鋒芒畢露，再也找不到節制收斂的理由。

「人要有能力守護自己的特別。」我在《老妹世代》裡寫道。

這句話本身沒有錯，但現在的我有更深一層的醒悟——這個「特別」，如果缺乏覺察力的細膩篩選，有時候不過是另一種執拗的代名詞罷了。

而覺察到自己這個盲點，其實是有點被逼的。在專注力練習的那陣子，我剛好應讀者要求，開了「直覺式牌卡課」，分享用直覺讀取訊息的技巧，取代死記牌義。這堂課非常受歡迎，一上架就秒殺，但開課前兩天，我卻開始焦慮了起來。

很多人以為「牌卡」就等於「塔羅牌」，也有許多心靈諮詢的案主，一看到我的牌就興奮地問：「這是塔羅牌嗎？」實際上，塔羅只是一種最廣為人知的牌卡系統，其他還有非常多可供選用——我自己使用的就不是塔羅牌，甚至不知道為什麼，總覺得對塔羅牌提不起興趣，不理解，也不想懂。

我的課程並沒有要教塔羅牌，而是讓大家攜帶自己熟悉的牌卡，但上課前還是不免焦慮：既然塔羅牌是大宗，一定會有人帶來用吧？如果學生問我怎麼解讀塔羅的牌義，我卻一點都不懂，豈不是很尷尬？於是左思右想：「不好意思，請問這兩天你可以撥點時間教我塔羅牌嗎？我怕上課的時候被問倒，哈哈哈。」就這樣敲了一位相熟的朋友，他的業餘身分是塔羅師。

「好啊，當然沒問題。」對方也人善心美地答應了。

還記得那是上課前一天的下午，我坐在桌前看他熟稔地攤開絨布，一張一張地在我面前翻開：「塔羅的第一張是愚者，牌面上有一個站在懸崖邊的人和一隻狗，它象徵著原始的、初生之犢不畏虎的力量……這張是女祭司，你看旁邊是不是有一黑一白兩根柱子？它可以是象徵著對立、或是黑白分明……」

我在旁邊聽朋友講得頭頭是道，也不知不覺入了迷，心想原來塔羅的世界這麼有趣啊，簡直化現了整個靈魂的歷練旅程呢！等等，所以其實我是喜歡塔羅的啊！那為什麼之前會一直說自己不喜歡？甚至我回想到，自己做心靈諮詢以來，也都使用很小眾的牌卡，總推說自己對塔羅沒興趣——但如果我根本沒接觸塔羅牌，怎麼有辦法肯定「我就是不喜歡」？

我被這個事實戳了一下，才意外發現，自己多年來一直排斥學習塔羅牌，不是因為對「塔羅」本身沒興趣，而是對「跟別人一樣」有很深的恐懼。

當大家都在算塔羅，我就偏偏不想學；當大家都在聊占星，我偏偏不想懂；當大家都一窩蜂地在看某個大師的書、轉載某個心靈導師的文章，即使內容很精闢，我卻總是在心裡暗忖：「又沒多厲害，這些人捧得太誇張了。」

反其道而行，才能確保自己「很特別」——因為對我來說，要學大家都在學的東西，還要學到出類拔萃太難了，乾脆一開始就故意跟別人不一樣，才能讓我輕鬆擁有「獨特性」。而這份「獨特」對我來說，就是安全感，它讓我不會被埋在人群裡，庸庸碌碌地沒人看見，最後連我都看不見自己。

說穿了，我是害怕消失，害怕自己其實很平凡，害怕沒有人注意到我，才會刻意強化自己的「特別」。甚至開始無意識地，想跟主流大眾唱反調——喜歡不見得喜歡，只是因為「跟大家不一樣」才喜歡；排斥不見得排斥，只是因為「跟大家都一樣」才厭惡。

如果覺察力沒有逮到這個習氣，我又會錯過了多少東西呢？循著這條線索回想過去，我憶起很多往事。我總是在大家追某部劇的時候，刻意不去找來看，刻意忽略所有的討論，別人問我怎麼不看？我都淡淡地說：「噢，我對這種片沒興趣。」

其實現在想想，這句話更應該翻譯成，「噢，其實我不知道自己有沒有興趣——但你們都在談，我就沒興趣了。」這樣一念的誤差，錯過的就是很多和人分享的機會，損失看懂許多精闢影評的機會，以及讓我早點醒悟某些道理的機會。

「懂得守護自己的特別」是好事。但如果能夠意識到，自己捍衛「特別」的背後，有多少成分是「生存恐懼」，進而鬆手擁抱更多可能，那麼這份「特別」，最終才會是最真實、最自己的美麗顏色。

整理強迫症：看見生活的無力感

出國旅行一個月，剛下了紅眼航班的飛機，提著笨重行李，一路吃力地拖上家門口的階梯。凌晨四點推開房門，「砰」的一聲倒在床上，下一件事你會做什麼？

有人會直接昏迷，天塌下來也動不了我的睡意；有人講究一點，會掙扎著起來沖個澡、換件衣服，把旅途的塵埃洗刷掉再睡。而我呢？我會瞇著眼睛爬下床，在凌晨四點半打開行李，衣服整疊抱去洗衣籃，護照、錢包、盥洗用品，一件一件掏出來，一項一項開始歸位。

看起來很有紀律的行為，背後的動機卻很讓人玩味。我這種「一定馬上要把東西放原位」的「強迫症」並不是天生的，而是幾年前看了《怦然心動的人生整理魔法》後，才逐漸嵌入血肉的習慣。大部分的人東西用完都不會馬上歸位，而是東一把剪刀、西一枝原子筆，但作者近藤麻理惠說，真正根治的方法，是「讓每個東西都有自己的位置」，物品一旦有了該去的地方，自然就不會亂放。

長年下來我以身體力行，證明這個理論是真的。當時在一番「近藤麻理惠式」的大整理之後，我從一個衣櫃滿、抽屜爆、二十幾年的雜物塞在每個能塞的縫隙，旅行回來後東西找不到地方歸位，乾脆行李箱丟在客廳，要拿什麼東西再去裡面拿的邋遢女生，搖身一變成了少物清爽，所有物品適得其所，想找什麼馬上找得到，甚至每天回家都會把包包清空，錢包雨傘悠遊卡鑰匙，放回抽屜固定位置，隔天出門再一件一件地，放回要出門的包包裡的俐落女子。

少物生活、東西立刻歸位，怎麼看都是模範等級的習慣。但該怎麼說呢，如果沒有「覺察力」這股強力的探照燈，我永遠不會發現，在如此「模範」的生活習慣背後，也隱藏著自己的盲點。

那是某個普通日子的午後，明明沒什麼事發生，我卻在家裡異常煩躁，進進出出地收衣服、摺衣服、把地上的頭髮掃乾淨、剛拆的紙盒拿去回收，還對胡椒罐被人亂丟大發雷霆。直到氣呼呼地走進廚房，看見平常清清爽爽的茶几又被丟了拆封的包裝袋，我的理智終於在那一刻，「啪」的一聲斷線。

本來正要發脾氣的，但有覺察力的好處是，它像個火災警鈴，神經斷掉的那一刻，它一定會在火勢爆燃之前，先一步攔住你，例如現在。

「等等，怎麼了？不過是個包裝袋啊，晚上再叫丟的人自己收就好了，為什麼我要這麼生氣？」意識到自己不成比例的火大，我困惑地反問自己。

我像夢遊的人忽然清醒，意識到自己不只對這個濕淋淋的包裝袋火大，而是今天一整天都很火大：從衣架上扯衣服下來的時候，摺好衣服扔進櫃子的時候，把紙盒用力拆開壓平的時候，拿胡椒罐進廚房的時候，我都一直在氣呼呼的狀態。

表面的「行為」是在整理，「情緒」卻一點都不像——比較像是在較勁、在控制，但我想控制什麼呢？下一秒我忽然想通了：**我不是在整理東西，而是想控制生活。**

「整理」的行為如此正確，以至於讓人難以察覺，急著把東西歸位、急著把髒衣服拿去洗、急著把垃圾拿去丟的行為，都隱藏著「我不接受現況」的憤怒。而那些「憤怒」，不是真的對雜物、對髒衣服感到憤怒，而是對「生活」的憤怒無處發洩，轉而投射在這些物品上，讓自己有「取回控制權」的錯覺。

把東西收拾整齊當然很好，但是明明很累卻不先休息、明明晚點收也可以，卻一邊發著脾氣，一邊火速把東西歸位，其實都只是想

「拿回控制權」的表現——因為生活太難以控制，只好發洩到這些「可以控制」的瑣事上，讓自己覺得被補償，心理得到假性的安慰。

但乒乒乓乓地整理東西，真的可以解決生活的無力感嗎？當然不行。只會越整理越累、看越多東西不順眼、甚至想遷怒那些把東西亂放的人。在「整理強迫症」壓垮我們之前，真正該問的問題是：「最近發生什麼事，讓我感覺到很無力？」

「有很多呀！」我馬上想起幾件陷入膠著的事，談好的合作遇到瓶頸，想寫新題材卻不順利，以及最近遇到幾位耳根子硬的案主，再怎麼耐心陪伴，耗了大量時間，對方還是在小事上頑固地打轉，讓我感到非常挫折。

其實這些都是小事，工作來來回回是常態、案主個性本來就有百百款，但是在我們辨識出來以前，無力感就會在潛意識裡躁動，讓生活感覺到危機四伏，處處失控。覺察之後，才能夠清醒地看見：**深**

沉的無力感無法被「用力」解決，只能被「放手」化解。

與其氣呼呼地把衣服摺疊完美，焦躁地進進出出把東西歸位，不如先深吸一口氣，對「整理強迫症」的自己輕柔地說聲：「慢點，這些沒關係。」留給自己一點耐心，去梳理生活中的無力，去改變那些能插手的，或者更多的時候是，去放下那些不能改變的。

放下控制，無力感才會逐漸冰釋，焦躁的「整理強迫症」，也才能回歸純粹的整理。我們會深切體悟一句話：**生命從來不需要控制，我們卻總是用控制來折磨生命。**

精神性偏食：剪破「同溫層」的厚繭

有件事說起來，是大家都覺得不對，卻還是都在做，叫做「以人廢言」。

「以人廢言」原本的意思是，我們因為不喜歡這個人、或是覺得他沒有足夠的分量，就認為他講的話沒有參考價值，而不去考慮其中的道理。

我們從小就被教導「不要以人廢言」，不過顯然整個社會都是反面教材。同樣做錯事，老師明顯偏袒好學生掰的理由；小孩告狀，父母總是相信乖巧的那個；權威人士把招牌亮出來，說什麼鬼話都有人信；選舉更不用說了，無條件先選邊站，自己的那方說什麼都是真理，敵方都是不公不義。

「以人廢言」邏輯上不對，心理上卻是很舒服的事。同溫層是顆繭，層層包裹著我們，不必觸碰異己的世界，日子照樣過，不覺得不妥，好像也沒必要去改。

但你知道嗎？如果仔細覺察，就會發現滑手機的時候，其實我們一直都在「以人廢言」。隨手刷個兩分鐘，在這個無數則貼文滑過眼球，每一則都舉著雙手高喊「看我！看我！」的時代，挑文章就像後宮選妃，盡揀著自己喜歡的看。又或者會特別瞧瞧發文者是誰，如果是自己有好感的朋友，那說什麼都會點個讚；如果是自己不喜歡的對象，他發什麼都直接略過無視。

若不是在用電腦的時候保持覺知，我甚至不會意識到自己病入膏肓。

那天晚上我開著電腦，滑到一篇看起來還不錯的文章，正想點進去看的時候，發現貼文的是一個我不太喜歡的人，眉頭馬上就泛起皺褶，嘖了一聲跳過去：「才不看，這傢伙分享的不會是什麼好東西。」我就這樣擅自認定起來。

接著又滑了幾下，看到有個朋友寫了篇短文，振振有詞地罵同事。雖然整篇看下來邏輯怪怪的，真要論就起來，反而是我朋友不對，但我還是點了個讚聊表安慰，接著又繼續往下滑。

這一串念頭如此模糊，僅僅在腦中閃過一絲微弱電流，平時的我根本來不及注意，眼光就會急著捕捉下一則訊息。但專注力是一張細密的網，它捕捉到這股不尋常的閃爍，逼得我不得不回頭，分析腦中到底發生什麼事。剛剛到底怎麼了？為什麼我會對有含金量的文章視而不見，卻又對明顯偏頗的貼文按讚呢？

那一刻我想起來了。那個讓我略過不讀的發文者，多年前曾經對我講過很失禮的話，往後只要看到他的名字，就會像根魚刺一樣，扎得我心窩不舒服。而那個被我按讚的朋友，雖然平常做人有些刻薄，但因為曾經大力幫助過我，我對他就偏心了三分。

你說，人嘛，本來就有自己的喜好，誰對你好就偏心一些，對你不好就閃躲著些，不是人之常情嗎？確實是這樣沒有錯，然而當這種「偏袒」變成一把肆無忌憚的火，一路延燒到他的言論、他的分享、他的做人處世，這樣的「偏袒」就成了精神性的偏食——臉書的演算法就是這樣，厚厚的同溫層，是被自己一點一滴打造出來的。

那些曾經對我不好的人，就不能分享精闢的文章嗎？其實我是在害怕，如果看了文章，還真的受教了，那根彆扭的魚刺會扎得更深。不想被討厭的人分享的文章點醒、不想跟討厭的人認同一樣的東西、也不肯相信討厭的人也許是對的，心中的各種彆扭，就化作手指上成了一個簡單的動作——滑過去，假裝沒看到。

這個動作甚至成了反射，可以完全不經過大腦，看到討厭的名字就滑掉，看到喜歡的名字就按讚，我甚至不覺得有什麼不對，更深的一層制約是，我在用行為反覆加強一個信念：「我討厭的人，他的話沒有參考價值。」

剛才說到，同溫層是個厚繭，我們可以這樣過很久，卻不覺得有什麼不對，而和討厭的人作對的感覺也很好，只要過去的疼痛還扎著胸口，每一次無視他的發文，就能重溫一次報復的快感。慣性的細絲層層疊疊，繭上加繭，滑臉書的時候很舒服、很痛快，真實的世界卻在精神的手指下，離我們越來越遠。

我不想這樣，我想剪開這個精神的厚繭。下一次滑手機，我警醒地提高了覺知，滑了幾篇後，恰好又看到另一個不喜歡的人發文，我深吸一口氣，冷靜地問自己要點開嗎？——好吧，看標題感覺是有意思的，先看有沒有道理再說。

按下去的瞬間，彷彿聽到厚繭輕微撕開的聲音，輕微彆扭卻帶著一絲痛快。再持續看著內文，越看下巴越闔不攏，連最後一絲彆扭都被震驚抹去了，因為這裡面寫的，不正是我最近在煩惱的問題嗎？怎麼剛好在這找到答案呢？

但放下手機一想，又覺得或許不是巧合。身心靈的思想相信，每當我們有困惑的時候，老天都一直試圖送答案給我們，但我們卻老是對管道自我設限。當人願意鬆開自己的慣性，機會的通道自然大開——就像我終於剪破了「精神性偏食」的繭一樣。

我開始感覺到，心中有某個緊繃，慢慢在過程中掙脫蛻變了。不光是因為煩惱得到了解答，也是因為開始自慚細數，過去到底被這顆厚繭纏縛住多久？甚至開始懷疑：我們生命中的困難，有多少是自找的；又有多少解答，是我們自己搗著，不讓它進來？

「覺察系」購物：每個失心瘋背後，都藏有脆弱的陰影

滑手機時保持覺知是很有幫助的，尤其當你追蹤了很多網路賣家的時候。

為了減少消費欲的刺激，近年來我已經退出很多網拍社團，避免一不小心看到什麼漂亮的衣服啊、首飾啊就手滑，只留下幾個品味很合的。平常也極力克制，沒有很喜歡就不買，就算喜歡，也會讓它在清單內待幾天，真的還是很心動才會下手。

照理來說，如果過了好幾天還這麼喜歡，應該符合「可以下手」的原則吧？許多教人克制購物的守則都這麼說的。不過如果用覺察力仔細挖掘，這種「過了幾天卻依舊怦然心動」的時刻，還是隱藏著一

個盲點，至於我怎麼察覺這一切，要回頭從一副耳環開始說起。

我從小就非常喜歡耳環，連校規森嚴不准戴的時候，我還會偷偷摸摸地夾上一小顆，再用厚厚的頭髮蓋住，享受權威體制下的一絲叛逆感；長大後獨鍾大而招搖的款式，逛街也都會在首飾攤停下來，每個耳環都比過摸過一遍，三副五副地買。幾年前第一次大整理，算一算抽屜裡竟然有上百副，其中卻有超過一半以上，我根本忘記自己曾經買過。

成了少物生活主義者後，我的耳環只剩以前的十分之一，想買新的也會再三思考：這副我真的喜歡嗎？氣質真的適合嗎？有衣服可以搭嗎？有沒有相同的款式是我已經有的？通常被這樣過濾再三之後，火早已滅了大半，而真正留下來、擱了兩三天還是讓我心癢癢的，就是那些我會下單的——這流程看起來沒問題，但，這就是真正問題的所在。

如果仔細看我的收藏，會發現那些被我看上的耳環，都有一種共同的特色：招搖、大膽、氣場強烈，像是無懼眾人的眼光，扠著腰驕傲地宣告「怎麼樣，這就是我！」的氣勢。

我對於這種招搖的商品，不管是衣服、飾品還是包包，一直都非常沒有抵抗力，而且真要說起來，上升獅子的我還算滿能駕馭這樣的氣場，平常時不時又有演講、簽書會、公開活動，非常適合穿搭這些配件，也因此看到這類商品，我絲毫沒在客氣，平常克勤克儉，但對它們花錢從來沒手軟過。

直到某一天，我看到自己心儀的商家，剛上架一副完全是我天菜的耳環——設計大膽、氣場霸道，存在感穿透螢幕，直逼我的腦神經中樞。就在我差點要留言喊「加一」的那一刻，覺察力嗅出這股情緒的不對勁，警覺地把我攔下來：「你現在是怎麼了？」

「嗯？有什麼問題嗎？這副耳環我真的超級超級喜歡啊！我戴

起來一定很適合，平常穿素色也很搭，而且我也沒有類似的款式，價位也負擔得起，怎麼不能買？」我滿腦子充血，只想用最快的速度把它掃進購物車。

「不是，是你這股異常激動的情緒，怎麼回事？」反覆訓練的覺察力沒有被動搖，像一個清醒的旁觀者，指出了我視而不見的問題。

我唰地一下子冷靜了下來，看著螢幕開始發呆。

對耶，我剛剛那股猴急的反應是怎麼回事？而且這已經不是第一次了，以前只要看到類似的商品，馬上就會理智崩裂，就算努力冷靜個兩三天，心裡還是非常想買，就覺得自己一定不是衝動，而是真心喜歡——可是仔細一想，這股異常綿延的激烈波動，確實有說不出的怪異。

我仔細地反芻那個情緒，忽然明白了：**我極度無法抗拒的東西，代表我渴望成為的人。**

我一直以來都很怕自己沒有存在感、擔心自己不被看見，所以特別喜歡「跟別人不一樣」的東西——誇張的耳環越沒人戴，我越情有獨鍾，因為它讓我感覺自己跟別人不一樣。我內心有自卑的陰影，也很在意別人的眼光，雖然表面上看不出來，但實際上非常嚮往那種「誰在乎」的霸氣，因此任何招搖調性的商品，都被我視為一片燦爛的金箔，拚命地想摘入手裡，為黯淡無光的自己一片片敷上。

看到耳環時，那股從心底湧出的失控，與其說是真心喜歡，倒不如說是「渴望成為特別的人」在狠狠撞擊我的痛處——對啊，我就是覺得自己這麼卑微、脆弱、平凡，可是我好討厭這樣的自己，我想要變成一個霸氣、自信、無所畏懼的人，我真的好想成為那樣的人。

於是那副耳環，以及所有帶著這種氣場的商品，在內心的渲染下，就成了理所當然的投射標的。而我不但沒有自覺，還付了一筆又一筆的錢在為投射買單，甚至沾沾自喜地認為，自己買到了所謂的

「真愛」。

我重新看著那副耳環，它依舊像陽光下的金葉子一樣閃耀。它真的很美、很獨特，但是當覺察力把情緒「還原」之後，我發現自己的渴望下滑到可買、可不買之間——我最後選擇不買，因為我知道買了以後，自己會下意識地依賴它，粉飾自己的自卑，但我不願意這樣做。我美麗的耳環已經夠多了，我可以運用它們好好地打扮，而不是掏錢購買更多的「假氣場」。

說到最後，「覺察系」購物的「買」與「不買」，其實沒有一定的準則。只是我們必須覺察到：「投射會放大的情緒，而情緒背後藏著脆弱。」

學著把情緒還原，才能做真正清醒的決定——錢拿來買需要的東西、精力用來療癒內心的陰影。而不是在瘋狂購物中吸乾了錢、燒乾了精力，卻讓心裡真正該被照料的那一面，藏在情緒背後哭泣。

高敏感族再進化：擁有一顆「強化」玻璃心

在專注力練習期間，有些改變，跟「專注」本身沒有直接關係，而是精神品質改變了，連帶產生了質變。

發現自己的玻璃心變強韌了，就是一個典型。

現在只要是有點流量的部落客，幾乎都是網路上的免費靶心，時不時就有人來射兩枝飛鏢，有的酸內容、有的看標題就開罵；有的被文章戳中傷口，不吐個口水會坐立難安；也有的也不知道為什麼，留言就是有莫名的敵意，或者純粹想唱反調，好證明自己不跟凡人一般見識。

我書寫的領域偏向心靈層面，很少觸及爭議性議題，負面的留言已經算少了。但我還是曾經私下請教其他部落客，遇到這些傷人的留言都怎麼反應？有些部落客本身就喜歡開戰，所以也沒在客氣地反擊；有些部落客眼不見為淨，直接刪了或是已讀不回；也有些跟我一樣屬於高敏感族，看了以後會暗自內傷，還會拿這些話反覆批評自己：我真的說錯了嗎？我真的有這麼糟嗎？大家都是這樣看我的嗎？

即使成千上萬的讀者一面倒地稱讚，另一頭卻只要有一則負面言論，都可以讓我們的天秤瞬間坍塌，玻璃心碎得滿地。我也曾經試過要硬起心腸，告訴自己不要理會這些惡意，但是世界上最遙遠的距離，不是你明明就在我身邊，你卻不知道我愛你；而是「知道」明明就在「做到」隔壁，卻永遠沒辦法身體力行。

玻璃心到底是什麼時候變強韌的，說實在我已經想不起來了。只記得調養出專注體質後的某一天，我在查看臉書，看到文章下方有一則負面留言，文字挾著攻擊性，張牙舞爪地穿透螢幕，試圖在我的胸口抓出一道傷痕。換作以前的我，明知道這種完全不搭嘎的留言鐵定是沒看內文，或是被勾起難以面對的課題，才會下如此重的手，卻還是無法甩脫那種疼痛，整天悶悶不樂。

但那一天，說也奇怪，爪子第一時間在我胸口劃了一道傷口，以前血淋淋地像用剪刀戳，這次卻像被紙的邊緣劃了一下，痛又不太痛，低頭揉一揉就過去了，過了大半個小時，我甚至已經忘記這回事，直到下次回覆別人時又看到那篇留言，我才「啊！」的一聲想起，略過那篇留言不回，就算了。

甚至沒像以前一樣去找朋友抱怨，因為想到要花時間重講一遍就懶，直接忘記比較快。

原本以為只是那一天心情好，玻璃心才恰好摔在軟墊上，幸運沒碎而已。但隔了幾周又遇上另一件事——我去便利商店買午餐，誤以為沒人在排隊，正要向店員遞過我的東西，隨即被方才暫離的太太衝過來斥責：「喂，是我先來的！」

在公眾場合被陌生人訓斥，以往愛面子的我一定又羞又氣但不敢發作，像炸藥點燃後又悶在罐子裡，到處找機會爆炸。那天我卻是看了她一眼，心裡嘀咕一句「有必要這麼兇嗎？」就淡淡說一句不好意思，退到她後面排隊，神色自若地等下一個結帳。

我沒有在心裡默念「不要跟蠢人一般見識」，也沒有強迫自己「敞開心胸同理別人」，雖然感覺心頭有一股慍火微燒，但延續時間很短，幾乎是踏出店門就燒完了，我沒有刻意努力什麼，就是自然而然地「做到」了。

脆弱的玻璃心，好像不知不覺中煉成了強化玻璃。原本的它剔透敏感，容易對人有共鳴，但敞著這樣的敏感在世間行走，代價是一敲就碎，別人的情緒打了個噴嚏，旁邊的我們馬上就受到波及。

可說穿了，**玻璃心就是「脆弱的精神品質」和「易被刺激的情**

緒」，相互揉捻而成。反覆的專注力練習，會間接修復這兩個弱點：不是變成麻木無感，而是注意力拉回當下，「腦內小劇場」就不會火上加油，穩定的心像扎了根的大樹，情緒的風會讓它搖晃，但不會追著「面子掛不住」、「我又沒做錯」、「他怎麼可以這樣」這些滿天飛舞的妄念跑。

有一本書說「高敏感是種天賦」，我相信確實是如此。這顆心是很寶貴的，專注力的練習，有機會讓它淬鍊成「強化玻璃」——依舊靈敏剔透，也還維持對他人有同理心，但不再一敲就碎，而是明亮地讓好壞情緒穿透，同時強韌地保護自己。

自律力：自由工作者的成功心法

算一算，距離我從上一份工作離職，已經整整四年了。

這段上班族轉職自由工作者的經歷，一直被很多人所好奇，因為我簡直活出了人生的奇蹟：離職一年內，就成了兩個知名平台的專欄作者；不到兩年就跟出版社簽了第一本書的合約，三年內陸續出了兩本書，平均收入也在兩年內，回到上班族時期的水準。而且最有意思的是，我並不是有計畫地進行這一切，離職本來是要找下一份工作，卻誤打誤撞走上作家和心靈工作者的道路，進而啟動這一切神奇的「超展開」。

奇蹟當中一定有運氣的成分在，所有的創業都像煉金，素材都齊備了，缺少某些冥冥中的神祕助力，煉出來就是黃金和廢土的差別。但除了難以捉摸的「運氣」、以及人人都得打拚的「實力」，很多人都說，是不是因為我很「自律」，才能夠在這條路上，走得比別人還妥貼順利？

確實以客觀的角度來看，我應該算「自律」的人。稿件總是精確整齊地躺在編輯信箱裡、每次被訪談前一定都會逐條審過訪綱；演講無論規模大小，手上一定有親自擬好的逐字稿；每個月該看的書沒少看、每年該出的國沒少玩；每周去健身房報到兩至三次、戀愛照談、書還要出第三本。好像什麼都沒落下，跟許多自由工作者總是在「閒著沒事幹」和「發狂地趕工」之間折返跑，我的生活的確是「自律」的典範。

「我也想要自律啊！可是每次要交稿前就會完全沒靈感，然後開始泡在電視前追劇，或是做完全不相干的事，結果一晃眼就過了截稿日了。」

「好羨慕你能自律喔！但我不想把自己逼這麼緊，平常還是想要散散地過日子，期限快到那幾天再卯起來趕就好了——雖然常常趕不完就是了，而且品質確實很不穩定，可是要我早點開始做，我又不願意。」

以上是不同領域的自由工作者，對我吐露的共同心聲。但你知道嗎？類似的話，我以前也說過——因為，其實我並不是「天生」自律的人。

所謂天生的自律者，多半內建「對自己嚴苛」的能力，像學生時期，明明規定七點半到校就好，總是有些人可以六點五十分就端坐在位子上；暑假作業，我都是前一天才沒命地趕工到半夜，但就是有人可以每天寫一篇，開學輕輕鬆鬆地交卷；準備考試更不用說了，前一個禮拜開始念書的，多半是「自律力」超強的人，而我們這種臨時抱佛腳的，前一天才會翻開課本，用一個晚上硬吞下兩百頁的原文書。

我沒有內建「對自己嚴苛」的能力，真要說起來，天性還比較偏向「對自己縱容」。但為什麼這樣的人，竟然離職後能進化成準時交稿、穩定產出文字、從來沒讓人操心過的自由工作者呢？

我想一個原因是：我比其他人還容易覺察「慾望」。

人只要活著就有慾望，差別在於有沒有「覺察力」把它挖出來，加以對治。大部分的人沒有透過練習，是很難產生覺察力的，也因此很容易成為慾望的祭品。那些天生的自律者呢？雖然不容易屈服於慾望，但他們的方法不是靠「覺察」，而是用「逼」的——雖然也能夠達成目的，卻容易造成內心的矛盾，長期下來會累積巨大的壓力，鑿出難以想像的心靈損傷。

我從接觸身心靈療癒之初，就培養出覺察的習慣，因此慾望冒出來的時候，會警覺地看見內心動搖的一瞬間。但光「看見」還不夠，能不能讓自己不要摔倒，就跟「專注力」的修行有關了。基本上，專注力練習越熟練的人，越不容易被慾望勾走，因為專注力說穿了，就是**「把力量從『慾望』拉回『當下』的能力」**。

平常吃飯的時候，能把自己飄散的心神拉回吃飯；走路的時候，能把煩惱雜事的心神拉回走路；靜坐的時候，能把亂跑的心神收回呼吸之間，這樣的專注力千錘百鍊無數次，擁有的就是對治「慾望」的力量，也是能夠讓人「自律」的力量。

因此我的「自律」，跟「逼自己」有微妙的不同。我是活生生的人，還是個懶人，寫作時間到了，也會下意識地想東摸西摸，躺在床上滑手機；該上健身房時間，我也很想偷懶假裝忘記。但我不會「強迫」自己做事，也不會「縱容」自己偷懶，我會在中間取個微妙的平衡——先用「覺察力」觀察自己：我怎麼了？為什麼我會抗拒做這些事？

從這股清晰的覺察中，我會看見，拖拖拉拉不想寫稿，是因為最近事情塞太多了，我在對自己生悶氣。也會看見，明明三天後就要上台演講了，卻一直拖延準備，是因為太害怕表現不完美，才會逃避面對。身體抗拒運動，是真的累了，應該做的不是勉強自己，而是好好休息；又或者剛好相反，是身體久坐缺氧，才會有偷懶的慾望，這時候反而該鼓勵自己：好囉，你今天也坐很久了吧？我們出門跑步讓筋骨活動一下，幫自己換換氣吧！

當一個人能夠「覺察」自己偷懶的真實理由，就不需要「逼迫」自己做任何事。知道自己是太忙在生悶氣，就幫自己把事情排開，腦袋好好養神兩天，雙手自然而然就樂意打字；知道拖延是因為完美主義作祟，就順著自己的脾氣安撫：「沒關係，你先花半小時列個大綱就好，輕鬆分享你的感覺，演講會很順利的。」

「覺察力」能找出想偷懶的原因，「專注力」則有解決問題的力量，同時保護自己，中途不被偷懶的誘惑拖下水。

當這兩股力量合而為一時，就形成非常強大的「自律力」——不是硬逼自己就範，而是透過清明地覺察，清除內在的困難，照顧自己真實需求後，自然產生的「無痛自律」。

我想，如果人們真的要問我成功的祕訣，我會說，這就是我成為一個自由工作者，最不可或缺的祕密之一。

後記：專注力，是本精神存款簿

這本書正式完稿的時間，是二〇一九年末。

想起去年年底的時候，我正在為下一本書的主題苦惱，當時在一籌莫展之下，我跟老天許了一個願：「希望這本書能夠讓看的人成長，也能讓我在寫的過程中成長。」

或許「許願公文」幸運地被送了急件，幾乎是第二天晚上，腦中就蹦出了這本書的靈感，出版社也很喜歡，迅速通過了提案。於是從去年十二月，我就像接了令箭一樣卯起來開始練習：「專心做這七件事，看人生會有什麼不一樣。」

最初的時候，我還真不知道這個練習，會帶我走向什麼地方，或許人生真的會有很大的改變，又或者一切都是我的幻覺，最後什麼都沒有改變（然後書就不用寫了）。我個性急，做事貪快，每天都卯起來把七件事練好練滿，短時間內就把精神品質拉到巔峰，卻也在最快的時間崩毀，專注力潰散到比之前還谷底。

但也是那段巔峰期，讓我意識到「七件事練習法」確實是可行的。隔年一月，我把步驟拆解成「7×7天」循序漸進式，重新來過一次。這一次非常順利，二月中完成第一次練習之後，一直到現在，我的精神品質都維持在高水準的狀態，生命也在這段期間，發生很細緻的質變。

很難描述那個「改變」是什麼，它不是具體的暴瘦十公斤、吸引到真愛、找到夢幻工作這種可以拍成電影的奇蹟。「專注力練習」更像去給中醫調體質，表面上你看起來還是同一個人，但你注意到，自己氣色開始變好了、睡眠變深沉了、久坐不太會水腫、冬天手腳不會冰冷，這種改變外觀很難測量，深度卻隱微入骨。

「專注力練習」也一樣，其實跟年初的時候看起來，我還是同一個人，但很多人看到我卻說，我有一種說不上來的氣質變化。我變成一個更安定的人，包括從前做心靈諮詢的時候，很容易被能量低落的案主影響，現在卻能夠維持在相當穩定的狀態，耐心地陪伴他走過脆弱的情緒。

人跟人的能量連結是很神奇的，以前的自己氣場比較緊繃，連帶無形之中也會讓案主感到緊張，我就得花加倍的力氣，去鬆開對方的心防。然而一旦自己安定坦然，就算不刻意講什麼溫柔的話，對方也能很快打開深鎖的戒心，甚至更有勇氣面對自己的課題——這些不是靠舌燦蓮花，而是靠柔軟的氣場。

而距離完成「七件事練習法」，至今已將近一年。你好奇想問：那之後的我，一直都處於無懈可擊的狀態嗎？——當然不是。

我很喜歡這樣的比喻：專注力是體質，也是一本精神存款簿。平常我們不斷透支它，每個人幾乎都有高額負債。而「七件事練習法」，會讓我們短時間有大筆進帳，但靠這筆進帳能撐多久，端看我們消耗它的速度。

如果我們完成四十九天的練習後，隔天馬上像脫韁野馬，過著妄念紛飛的散亂生活，那一大筆「精神進帳」，可能一個禮拜就耗光了。但如果養成了習慣，把專注力融入手上的每一件小事，即使有時候忘了會分心，但在「進帳大於支出」的情況下，精神品質都能維持在不錯的狀態。

現在的我，有時候也會「支出」精神品質，例如周末想犒賞自己，就買了熱騰騰的炸物配啤酒，邊吃邊看電視；有時候工作太累，明天也不用早起，就會躺在床上散亂地亂滑臉書；有時候也會忘記，一邊跟朋友講話，一邊又用手機偷回訊息——但差別在於，我馬上會覺察到自己正處在「支出」狀態。

如果最近支出過於頻繁，精神品質下滑，我會強制停止散亂，刻意用「七件事練習法」把存款補回來。又如果接下來有需要大量耗神的事情（例如寫作、諮詢），我也會刻意用專注力把存款提高，好讓接下來的工作更加順利。

但回歸日常的時候，我可不是個苦行僧。偶爾想要耍性子犒賞自己，或跟朋友吃飯想開心配影集，小小的散亂分心，就像一個平常注重養生的人，偶爾來球冰淇淋——只要有覺察，最終存款簿不要透支，小放縱也別苛責自己。

另外順帶一提，有些人可能會問：「『七件事練習法』，一定要是書中寫的這七件事嗎？如果想抽換成其他的事情，可不可以？」

當然可以。比如說有些人沒有運動習慣，但是每天睡前一定會花半小時拉筋，那可以把「專注運動」，換成「專注拉筋」。又例如，平常你不需要通勤，但每天一定會花時間做飯，那麼可以把「專注通勤」，換成做「在做菜的時候，練習深化感受」。「七件事練習法」是哪七件事，沒有硬性規定，只要最後能把專注力滲透進生活，都是好的開始。

「專注力練習」，是一年前我向老天許的願，希望寫的過程中自己能夠成長，也能讓讀到這本書的人成長。而我已經完成我的使命，願你也能在「專注力練習」中，尋回屬於自己的力量，最終改變自己的人生。

國家圖書館出版品預行編目（CIP）資料

專注，是一種資產：七件事練習法，打造富足的精神資本 / 柚子甜 著 . -- 初版 . -- 臺北市 : 遠流 , 2020.01
面； 公分
ISBN 978-957-32-8694-3 (平裝)
1. 注意力 2. 成功法
176.32 108021232

專注，是一種資產：
七件事練習法，打造富足的精神資本

作者／柚子甜
總編輯／盧春旭
執行編輯／黃婉華
行銷企畫／鍾湘晴
封面設計：AncyPI
內頁設計：Alan Chan

發行人／王榮文
出版發行／遠流出版事業股份有限公司
地址：臺北市中山北路一段 11 號 13 樓
電話：（02）2571-0297
傳真：（02）2571-0297
郵撥：0189456-1

著作權顧問／蕭雄淋律師
2020 年 1 月 1 日　初版一刷
2022 年 9 月 5 日　初版七刷
定價 新台幣 320 元（如有缺頁或破損，請寄回更換）

ISBN 978-957-32-8694-3

YLib 遠流博識網
http://www.ylib.com
E-mail: ylib @ ylib.com